ALDO CICCOLINI
"JE SUIS UN LIRICO SPINTO..."

アルド・チッコリーニ　わが人生
ピアノ演奏の秘密

パスカル・ル・コール　著
海老彰子　訳

全音楽譜出版社

【出版者註】
本書は2006年5月ないし12月の間に実施された
アルド・チッコリーニとパスカル・ル・コールの両氏による対談に基づき構成されています。
また、本文中では、アルド・チッコリーニ氏特有の話しぶりをそのまま読者に伝えるため、
往々にして口語体のくだけた部分を残してあります。

本書中の写真は、ほとんどすべてがアルド・チッコリーニ氏所蔵の
個人コレクションからの掲載ですが、
それ以外の4点はジャン・ダルネル氏のご厚意により
借用させて頂きました(写真脇のクレジットを参照)。
なお、その他、撮影者名の無いものもありますが、

編集責任:セシル・ルエドゥ

ALDO CICCOLINI

"JE SUIS UN LIRICO SPINTO..."

日本の読者に寄せて

日本の皆様に、音楽芸術の考察を記したこの本を紹介できることを、大変嬉しく光栄に思います。

鋭い感受性をお持ちの日本の皆様には、私が述べようとした事柄を深くご理解いただけるものと、信じてやみません。

皆様に、私の心底からの賞讃の念を捧げます。アジアのこの偉大なる国民は、西欧が残念ながら忘れ去ろうとしているかのように思われる西洋伝統音楽の、良い庇護者となられることを確信しています。

アルド・チッコリーニ

Je suis ravi et honoré de présenter au public japonais ce petit livre de réflexions sur l'Art Musical.
Je suis intimement convaincu que le public japonais, de par son extrême sensibilité, est parfaitement en mesure de comprendre ce que j'ai voulu dire.
Je lui dédie ce témoignage de mon admiration. Le grand peuple d'Asie est appelé, j'en suis sûr, à devenir le gardien et le protecteur de la tradition musicale occidentale que l'Occident, hélas, semble vouloir oublier.

Sergiu Celibidache

目次

私がこの本を執筆するにあたって、
次の方々からの情報や援助に感謝します。

ジャン・ダルネル氏
ピエール・ラルモン氏
ガブリエル・カルカーノ氏
ＥＭＩ社のレミ・ジャコブ氏
音楽家の手紙誌社の方々。

パスカル・ル・コール

アルド・チッコリーニ　わが人生　ピアノ演奏の秘密

序

はじめてアルド・チッコリーニを聴いたのは一九七三年、彼がパリ管弦楽団とサン・サーンスのピアノ協奏曲第五番を協演した、パリのパレ・デ・コングレでのことだった。しずしずと舞台に現れ、会釈、ピアノの前に座り、オーケストラが前奏に取りかかると、彼は弾き始めた。

最初の第一音から、会場全体が文字通り魅了されてしまった。隅々まで響き渡る音響にまず幻惑され、私達の聴覚はピアノの音に〝捉えられ〟鷲づかみにされてしまったようだった。音の響きが内的で同時に力強く、光り輝き、よく歌い、信じられないようなニュアンスのパレットに鋭く切れ込んだり溶け込んだりするようだった。これに加えてテンポをそれほど崩さず、メロディを僅かに物憂くゆるめながらテーマを微妙に楽句づくりする方法……これらすべてが、音の響きの分量の秘術で私達にハーモニーを〝味わわせ〟、同時に見え隠れするメロディの全ての要素を辿らせる。

アーティストと楽器の関係は、私がそれまで見たものとは随分違ったものだった。アルド・チッコリーニの技術は、ジェスチャーの絶対的な節約によって成っており、簡素を極めて表現される彼の演奏は、なんの努力も無しに、まるで楽器そのものから自然に音が出てきたかのようだった。もはや私達は音楽会に居たのでもなく、ピアノを聴いているのでもなかった。音楽そのものがアーティストの指から迸《ほとばし》り、私達を飲みこんでいたのだった。

この演奏会の後、私は当時の私の先生だったピエール・オダン氏に正式に宣言した。パリ国立高等音楽院を受験して、ほかの誰でもない、アルド・チッコリーニのクラスに入学したい！　二年後、マドリード通りに位置するあの名高い音楽院の、「ラヴェル」と名づけられた教室の扉を初めて押し開けた時、新入生の私は、前に演奏会であれほど讃美してやまず、アドヴァイスを待ち焦がれていたピアニストと向き合っていることに、感動でドキドキしていた。

〝先生〟と呼んで、ほかの生徒達がするように、ごく自然に私は彼に挨拶した。その日の終わり、彼は私達に言った。

「私の子供たちよ、どうか金輪際《こんりんざい》、私のことを〝先生〟とは呼ばないで。アルドと呼び、テュトワイエ（親しい人に対して使う言葉遣い）にしなさい！」

こうして、はじめは怖《お》じ怖《お》じと、そして時が経つにつれ、次第にしっかりとした口調で、私達は先生のことを「君」呼ばわりしたのだった！

アルド・チッコリーニがこうした関係を私達との間に築いたことは、直ちに教育の基礎をつくり、私達はコンセルヴァトワールの厳格な雰囲気をすみやかに乗り越えることができた。自ら常に探求し、疑問を自身に投げかける彼は、我々に取り組んでいる曲の解釈を再考させ、常に更にその熟慮を深めるため、怠っていたテキストの細部に注意を引きつけることを好んでいた。技術的な問題を抱えていれば、彼自身は何の問題も感じないことであっても、我々ができるようになるまで辛抱して、一緒になっていろいろな解決方法を探してくれた。彼は、知識や真実の保持者としての教師というより、自分がひとりのガイドとなるよう努めていた。

四年間の勤勉なレッスンの中で、生徒の演奏が必ずしも満足するものではなかった時でさえ、怒り、不愉快な言葉を言っているアルドを私は見たことがない。しかしテキストの誤り、読み違いやスタイルの悪い解釈などは、ひとつたりとも見逃さなかったし、我々の自我《エゴ》を少し表に出しすぎる演奏もまた、評価しなかった。協奏曲を勉強しているとき、彼はほとんどいつも暗譜で第二ピアノを伴奏してくれ、指揮者やオーケストラ奏者たちにはお構いなく我々が自由勝手に弾くたびに、我々を止めるのだった。ある日、ひとりの生徒がラヴェルの協奏曲ト長調の終楽章をたいへんな速さで弾いた。彼は即座に演奏を中断させ、「何小節か後に出てくる十六分音符のパッセージを、そんな速いテンポではとてもファゴットが演奏できない」「ソリストはオーケストラを伴奏しなくてはならないよ」と説明した。

先生がいつも喜んでピアノに向かい、演奏で示してくれる例は、何時間もの説明に値した。しかし我々が彼の真似をすることを求めてはおらず、レパートリーにしている作品に対しての自分自身の解釈を持ち、それぞれが自己特有のパーソナリティを発展させることの方を、彼はずっと好んでいた。個性尊重、我々が音楽的にそれぞれ互いに異なっているほうがよかったのだ。

音楽院の授業のほかに彼の家を訪れることも稀ではなかった。午前遅くに到着して昼食を食べ、午後はピアノを弾いたり、特に変化に富んだ様々な事柄――音楽、哲学、演劇、旅行、ダンテ、フロイト、コクトー、外国語、シェーンベルクの和声論、ブラジル音楽、心理学、ジャズなど——について討論したりして思索を広げた。
アルド・チッコリーニは"コンセルヴァトワールの先生"では決してなかったし、これからもそうならないだろう。今現在でも彼は、古代ギリシャ時代に哲学の学校で行われていたような、師と弟子が毎日のように芸術、文化、人生、世界についての自分達の思考や研究を共有する、ソクラテスやプラトンのやり方で教えるのが好きだ。

この見習い期間だった数年間は、人間として、また音楽家としての私に深い影響を与えた。その後は、師である友と時折コンタクトを取りながら、私は私自身の道を辿った。最近この本のことで再会し、過ごした時間は私にとって至福の時だった。本質的な教育の根源に立ち戻り、時と成熟によって生まれた熟考を、手ほどきしてくれた人（先駆者）と共に共有する幸せ……。

この本の中で彼は、アルド・チッコリーニの音楽家としての軌跡、その思考、価値観、彼の教育法、その芸術とピアノの哲学を簡明に、率直に、真正に、反俗的に、時には不躾《ぶしつけ》に、挑発的に、ユーモアを飛ばしながら私達に打ち明けている。

現代のマスメディアが好んで芸術界に撒き散らす、うわべだけの魅惑や決まりきった型とはほど遠く、十九世紀の大ピアニスト達から直接伝統を受け継いだ彼の音楽に注ぐ眼差しは、私達に芸術と音楽家の職業について、他の違った角度から考えることを促し、競争や成功あるいは社会的出世ではなく、精神的探求として取り組み、それが毎日の人間を豊かにし、気品と尊厳を持って人生の様々な試練を乗り越えさせるのだ。

パスカル・ル・コール

二〇〇七年一月

第1章 音楽に取り憑かれた"デーモン"

■ピアノの必要性

私は六歳の時、よく椅子をコンサート会場のように順々に並べ、ピアノに近づきお辞儀をし、ピアノを弾いていました。頭に浮かんだことを、下手ですけれども全部弾くのです。

遠い昔の私の記憶の限り、ピアノを弾くということは喜び以上のもので、それは必要不可欠、差し迫ったものだったのです。

私はどちらかというと一人で居ることが好きな少年で、仲間の子供たちと一緒に居ることは適度に好む程度で子供同士の遊びには無関心でした。たったひとつだけ私の興味を引いたのが、ピアノでした。学校が終わり自由になると即刻駆けよるピアノ。

ユーディ・メニューインが五歳の時の、こんなエピソードに思いを馳せます。誰かが彼におもちゃを与えた途端に、「僕は本物のヴァイオリンが欲しいんだ！」と言いながら、彼は玩具を壊してしまいました。それはわがままではありません。私が自分の内にピアノの必要性を感じていたのと同じように、彼にはヴァイオリンが必要だったのでした。

私の両親は音楽に熱を上げていたものですから、私が楽器に幻惑されているのにすぐ気づき、賢明にもそのことを真面目にとってくれました。

私達はナポリに住んでいましたが、父方の家族はアドリア海に囲まれたイタリア東部のマルシュ地方出身、母方はサルデーニャ出身です。私自身は大陸よりもむしろサルデーニャ人に近い自分を感じています。一度もそこに住んだことはありませんでしたが、サルデーニャに何度も行き、そこの住民の性格に私と似た姿を認める、と言わねばなりません。静かで我慢強く、勤勉で遠慮深く、彼らは私が感嘆する品位を持っているのです。

我が家は、日に日にピアノの音で埋め尽くされてゆきました。姉は音楽院卒業の準備で勉強していましたし、植字工を仕事とする父は、趣味ながら大の音楽好きで、演奏もしていました。好きが昂《こう》じて、しばしば狂ったほどの熱中ぶりを見せていました。母の妹と結婚した父の弟はオペラ歌手をしていて、カルーソーや当時の大歌手達のパートナーとして三十五年間のキャリアを築きました。母は仕事をしていませんでした。美しいものや良いもの全てに、ことのほか敏感に反応し、絵を描くのが上手な彼女は、本来、非常にロマンティックな人だったと思いますが、それを表には決して出しませんでした。

両親は私を優しく平穏に育てました。十九世紀は第一次世界大戦で終わる、と人はよく言いますが、私にとっては第二次世界大戦のはじめまで続きました。というのも両親は、私達の〝現代社会からは失われてしまった規則と価値を重んじる教育〟を私に授けてくれましたから。尊重という根本的な絆が家族を結び合わせていました。

たとえば、父はどんな状況でも常にネクタイを締めていたのを覚えています。

「貴方は凄く暑い時でも、子供たちの前でネクタイを外さないのですか?」と人が尋ねると、「ええ、それは彼らに対して礼儀を欠きますからね」と答えたのでした。

私の父と母は二人とも、美と尊厳という鋭い感性をしっかりと私に伝えました。これはおそらく一人の人間、ましてや一人の芸術家が受けられる最も素晴らしい遺産でしょう。

■はじめて習ったピアノ教師、マリア・ヴィリアローロ・ドヴィディオ

「アルドよ、お前はピアノが大好きのようだが……。お前の人生をそれに捧げる準備はできているかね?」

父は、幼い私にピアニストとしての使命を試す決意をしたのでした。それにしても五歳の子供にとってはなんという厳しい質問でしょう! しかし、私は躊躇《ためら》うことなく「はい」と答えたことを覚えています。

それからすぐに、父は先生探しを始めました。彼は友人や知人などに尋ねて、ベニャミーノ・チェシ※という、イタリアの大先生に師事した年取った女性ピアニス

※ ベニャミーノ・チェシ(一八四五―一九〇七)ピアニスト、ナポリ音楽院ピアノ科教授。

ト、マリア・ヴィリアローロ・ドヴィディオを薦められました。彼女自身、演奏も見事で、とても良い教師だという評判でした。この人が私のはじめてのピアノの先生です。

一九一五年に著作されたブルニョーリ[※]のピアノに関する本のことを彼女は知らなかったのですが、一年間、私に指を鍵盤におろす練習をさせました。まず小指から始め、四指、三指、二指、それから最後に親指です。次に同じ練習を重音で、それから三つの音で、四つの音で……この練習の間、彼女は極度に耳をそばだてて聴いていました。そして、彼女はいつも私にこう言うのです。

「アルド、綺麗な音を出して頂戴！　私に美しい音を下さい！　とても表現力に富んだ麗しい音の調べが欲しいの」

私も他の生徒達も、彼女が望んでいることができるまで時間がかかったこともありましたが、そのようなときも彼女が満足のゆく結果が得られるまで、辛抱強く、何度でも繰り返させました。彼女のお蔭で、私は音の質を尊重しコントロールすることを早い時期に学んだのです。

※アッティリオ・ブルニョーリ（一八八〇―一九三七）作曲家、ピアニスト、教師。『ピアノの力学』という音楽論の著者（一九一五年リコルディ版、ミラノ）

一年もすると、私は目覚ましく上達し、八歳の時に、diplomino（ディプロミーノ）とよばれるピアノ下級コースを終える試験を受けました。バッハの『イギリス組曲』、ドビュッシーの『子供の領分』と練習曲を何曲か、そして私の手がやっと演奏できる大きさになったので、ベートーヴェンのソナタ作品三一の三を弾いたのを覚えています。

マリア・ヴィリアローロ・ドヴィディオとの三年間、先生はツェルニーの練習曲を勉強させませんでした（その後師事した音楽院の先生も同じでした）。彼女はツェルニーを非常に非音楽的だと思っていたのです！ ですから、バロックのレパートリーで忘れ去られたか、あまり知られていない作曲家を発掘し、その中から徐々に難しい曲を選んで、私に与える方法を好みました。これは、私がスカルラッティの易しいソナタに手をつけるようになるまで続きました。賢明なマリアは、私が絶対に弾けそうにない曲ではなく、ピアニストとしての私を形成するのに有益な曲をいつも提案する、たいへんに良い教師だったのです。

■ナポリ音楽院

私は一九三四年にナポリ音楽院のパオロ・デンツァのクラスに入学しました。八歳でした。音楽院入学許可の最低年齢制限が十三歳でしたから、当時の楽院長のフランチェスコ・チレア※氏は、特別許可を得るため、大臣に掛け合わねばなりませんでした。私の師はドイツに留学中、有名な作曲家兼ピアニストのフェルッチョ・ブゾーニ※に師事しました。ブゾーニはフランツ・リストに出会い、リストの全作品演奏を九回の独奏会で行った、歴史上唯一のピアニストです。私はブゾーニの音楽にいつも大きな興味を抱いてきました。何故ならその音楽は、粘り強い探求者のものだからです。

パオロ・デンツァは、はじめは演奏家としての大きなキャリアを築きましたが、その後舞台から退き、それからというもの事実上一度も聴衆の面前には姿を現しませんでした。しかし、彼が〝教室〟で弾く時には並外れたピアニストが姿を現し、リストの技巧そのものを演じていました。

しかしながらその教え方は、彼がどうしているのかを示すだけで説明が全くあ

※フランチェスコ・チレア（一八六六－一九五〇）パレルモ音楽院長、特にナポリ音楽院長、作曲家。中でもアドリエンヌ・ルクヴルール（スクリグの作品による）のオペラは最も有名で、エンリコ・カルーソが初演している。

※フェルッチョ・ブゾーニ（一八六六－一九二四）イタリア人の父、ドイツ人の母の間に生まれる。このピアノの巨匠は前衛作曲家でもあったが、異例な演奏家としての成功が輝かしく、長いことその作曲の仕事には光が当たらなかった。自分の生きる時代の現代音楽に熱心で、ストラヴィンスキ

りませんでした。問題意識をよく持つ学生だった私は、これでは大きな不安の中に陥らざるを得ません。私はレッスンの中で彼の持っているテクニックを説明してほしいと思い、それを待ち望みました。そのことは無口なこの人を時々苛立たせたに違いありません。結局彼は一向に説明せず頑として受けつけませんでした。私は期待する答えを全く得られないまま、自分独りで探さねばならないことを痛感しながら音楽院を去りました。

音楽院で過ごした何年ものあいだずっと、私は毎日何時間も何時間も続けてピアノを勉強しました。自分が容易《たやす》くピアノを弾けることを自覚してはいましたが、それで満足してしまうという間違いを、私は一度も犯しませんでした。私は努力、仕事、探求が好きで、レパートリーの多くの作品を研究しました。なかでもラフマニノフの協奏曲第三番を三年間勉強したことを思い出します。十二歳の時、私の先生は練習としてベートーヴェンのソナタ作品一〇六のフーガを勉強するよう勧めました。彼の指示は、後になって、たとえ私が一度もこの曲を人前で弾かなくても毎日一ページずつ勉強しなさい、というものでした。なるほどこれは優れ

ーから現代音楽の思想体系の先駆者と見なされていた。ブゾーニはアラウにピアノを、作曲をクルト・ヴァイルやエドガー・ヴァレーズにも教えていた。

たピアノの訓練でしたから、音楽院を卒業してからずっと後になっても、毎朝この作品一〇六のフーガを弾く習慣を保ったのも嘘ではありません。一九四〇年に十三歳で私は賞を受賞しました。

音楽院に入った当初から、作曲書法を勉強したいと望んでいた私は、書法を学ぶコースは十年かかるということを知っていたので、即座に始めることを熱望しました。これも文化省の免除のお蔭で許され、三十四歳のとても若いアシル・ロンゴという男性が私の先生となりました。彼の父親は、はじめてスカルラッティのソナタの改訂を成し遂げたアレッサンドロ・ロンゴです。

この人は私に、たいへん大きな影響を与えました。第一に驚くべきハンサムでしたし、なんといっても、とりわけ生まれつきの「先生」だったのです。我々を音楽的に唆《そそのか》す才能があり、忽《たちま》ちのうちに私を書法に夢中にさせ、小さな作品を創らせる術を知っている、真実の先生でした。〝学ぶということを習得させる〟ことを知っている先生。生徒に、生徒自身が自分の先生となることを教える先生です。

寛大な教師、アシル・ロンゴは自分が持っている珍しいレコードをよく聴かせてくれましたし、音楽会で作品を聴ける機会が訪れると一生懸命奔走してくれました。ライプツィッヒ・オペラがナポリにやって来て、アルバン・ベルクの《ヴォツェック》を上演することになった時のことです。彼は、オペラ座の座席をいくつか保有している音楽院院長に早速取り合って言いました。

「《ヴォツェック》の全ての上演に、この少年が立ち会えるようにしなければなりません」

このプログラムは六回予定されていて、アシル・ロンゴ先生のお蔭で、私は思う存分、何度も作品を繰り返して聴くことができたのでした。アルバン・ベルクの音楽は私に全く未知な世界の扉を開けてくれ、当然ロンゴは私に、どうだったかと印象を尋ねました。私は答えました。

「奇妙ですね、第三幕がニ短調で始まるなんて」

すると彼は、「アルバン・ベルクはそれほど正統的な十二音音楽を書かなかったのだ」と説明してくれました。彼の先生、シェーンベルクは書いたが、ベルクは違うのだ、と！

アシル・ロンゴのクラスの後、私は五年間和声を、そして三年間対位法とフーガを勉強し、その後八年目になって、大形式と二重合唱に取り掛かりました。この水準になると我々は、ソナタ形式の第一楽章や、交響詩などを作曲しなければなりませんでした。この勉強の暁《あかつき》には、十五日間で管弦楽化も含んだ「世俗風カンタータ」か「一幕の劇」を書く、という作曲賞の試験を受け、審査員の前で自分が書いたものについて説明するよう要求されました。

私は「世俗カンタータ」を選びました、ローマ大賞からの題で十二の音節から成り立つテキストの大絵巻です。それは不可能で、あり得ない非常に複雑な物語でした。踊りあり、合唱あり、二人の登場人物があり、そのうちの一人は女神で、最も一般的な方法で処女喪失と同時にその神性を失ってしまい……まぁ、そのお蔭で私に劇的に作曲できる可能性を提供してくれたのですが。このカンタータで、私は一九四二年に作曲賞を獲得しました。

書法を勉強している間、同時に私は同じ先生の許で、管弦楽法も勉強しました。管弦楽化するのに格好なレパートリーである、幾つかのグリーグの叙情作品を手がけ始めた時のことを思い出します。

それから、私達はボウイングを書き込むことを学び、私はそれが大好きでした。自慢ではなく謙遜して申しますが、私はそれを非常に得意としていました。私達は、書法のクラスで弦楽四重奏や木管四重奏を学習しました。ベルリオーズとリムスキー＝コルサコフの音楽概論※をよく学び、それを用いて私達は楽器構成について勉強しなければなりませんでした。たとえばフルート、オーボエ、ファゴット編成用に作られたひとつのメロディに、どの楽器が高音に適しているのか、中音域、低音域にはそれぞれどれが適切か、ということを学ぶのです。

何という熱狂的な分野でしょうか！　この当時、私はこの管弦楽法の課題に取りつかれて、ほとんど睡眠時間も取らなかったことを思い出します。他の多くの人と同じく、ブゾーニの概論※が出ることを切望していましたが、残念ながら、これは決して日の目をみることがありませんでした。

この作曲書法の勉強を補うために、私は三年間ヴァイオリン、オルガンそして指揮法を学び、一年間、その有名ないくつものペダルと同音調性の響きを知りたくてハープを学びました。

※「管弦楽法の要素」一九一三年刊行。

※フェルッチョ・ブゾーニは一九〇七年、「新音楽美学の概要」という短いエッセイしか発行していない。その中で、調性体系から解放された音楽の基礎理論を展開しており、この反因習的エッセイは将来の現代音楽を予見したと評価されている。

■作曲家か指揮者か？　否、ピアニスト！

アシル・ロンゴは私が作曲に大きな才能があると見て、この道に進むよう、ずいぶん後押ししてくれました。先生があまりに自信を持って薦めるので、ある時期は私も迷いましたが、自分が数いる作曲家を一人増やすだけだと、すぐに直感しました。当時の若い作曲家達と同様、私は自分で「ワーグナー＝ドビュッシー病」と名づけた病の犠牲者でした。音楽の新時代に突入している世界では、私は音楽的に「年」をとっていて、生まれるのが遅すぎました。調性に愛着を持ちすぎていた、ということです。

一方、オーケストラ指揮の分野では、私にはひとかけらの才能もなく、指揮の一振りさえできなくて問題を呈していたので、私の職業の選択はこれほど簡単なことはありませんでした。

これらの学習と音楽発見に費やした年月は、私のピアノに対する最初の情熱を逸《そ》らせるものではなく、私はやはりピアニストになりたかったのです。父の問う「お前は、人生をピアノに捧げる準備ができているか？」という質問に対して、私はやはり「はい」と答えたことでしょう。

才能あるすべての子供たちと同じように、私は音楽院に入学する前から公のコンサートをはじめていました。八歳の時、ナポリの記者会館で二回出演しました。しかしこの初めての演奏会の後、私は父に演奏会への出演をやめたい、と申し出ました。

「パパ、僕、人の前で弾きたくないんだ。大きくなってから弾くよ」

子供の私にとって〝大きくなる〟とは二十歳のことでした！ 私の拒絶は、手が小さかったことが原因でした。たった一オクターヴを弾くことにすら、よくイライラしていたのですから。

もし他の親だったら、キャリアに乗る機会を逸した、と考えたかも知れません。しかし父は再び、私の選択を尊重したのでした。

私のピアニストとしての本当のデビューは八年後、音楽院を卒業した時に、ナポリのサン・カルロ劇場で行いました。十六歳でした。職業ピアニストとしては格別に若い年齢です。というのも、戦前ここ西欧では音楽家は現在よりずっと年を取ってからキャリアをスタートしていたからです。現在の若い音楽家は、大半が往々にして未熟でレパートリーもないのに、（これでは一目瞭然なことながら）幅広いキャリアに立ち向かえないまま十七歳で国際コンクールを受けます。戦前、このような早熟は稀な天才児達だけにとっておかれました。一九三五年、ナポリに演奏旅行に来ていたホロヴィッツを聴く機会があったことを思い出します。皆が彼のことを「とても若い演奏家」として話していました。彼は三十二歳でした。

■一時代の終わり

はじまる筈だった地方でのキャリアは、戦争によって明らかに壊されました。一九四二年、連合軍がイタリア南部を徹底的に爆撃しはじめ、ナポリ湾一帯は、重要な戦略の標的となり、空襲は忽《たちま》ち強化され、街を荒廃させ、国民を恐怖に追いやり、毎日市民達の犠牲者が大勢出ていました。六十年以上経た今になってもまだ、爆撃のにぶい音が時々私の安眠を襲います。

音楽仲間の皆同様、私はすっかり意気消沈していましたが、小康状態が戻った時だけ、私達はそれでもやっと、朝の十時に小さなコンサートを開いていました。それから間もなく芸術活動は皆無に追い込まれ、あの威信あるサン・カルロ劇場ですら、余儀なく閉館されてしまったのです。

その頃私は国際赤十字に入りました。十八歳から二十一歳まで、イタリアキャンペーン※の間中ずっと、英伊通訳として奉仕しました。この三年間は非常に困難きわまるもので屈辱的なものでした。人には、これ以上はどうしても受け入れ難い苦しみの度合い、というものがあります。堪え難い限界。私は当時、自分がこの時点に達していたと思います。あまりにも僅かな尊厳しか残っていない時、人は生きること、ものを見ることを容認できません。この戦争は完全に私を精神的に覆《くつがえ》し、一九三九年に亡くなった父の死後、残っていた私の宗教的信心の欠片《かけら》すら粉々に砕いてしまいました。それからというもの、私は無神論者となりました。宗教が内在する正義の、煩わしい考え、同じ様な作り話を喜んで聞いては、軽率にもそれを信じてしまう人達が、神を信じていればいいのです。

※ あまり知られていないが、このイタリアキャンペーン軍事活動は第二次世界大戦の転機となった。というのは、これによって同盟国内に、ファシスト体制の崩壊と、イタリアの大変動を招いたからである。この壮大な攻撃は一九四三年七月十日の英米のシシリー島上陸に始まり、非常に長時間を費やし、やっとローマが一九四四年六月に、ポー平野（イタリア）は一九四五年四月に解放された。

私はこの三年間、ピアノに触れることも見ることもなく過ごしました。戦争が終わり、一九四六年にナポリに戻った時、私はすっかりピアノが弾けなくなっていました。完全に錆付いていて、親指をくぐらせることすらできなかったのです！　私は、自分が今後ピアノを続けていけるかどうかを確認するため、自分に一年間の猶予を与えました。そして六ヶ月間の懸命な練習の後、自分の演奏が少しずつ戻ってきたのを確かめ、大いに安堵しました。戦前の水準を取り戻すには、それから後まだ六ヶ月間かかりました。私は何も獲得しませんでしたが、とにかく、何も失いもしなかった、というわけです。

父を亡くし、家族を養っていかねばならなかった私は、生活の糧を得るために多くのバーでピアノを弾きはじめました。その中には「アン・ヴ・チュ、アン・ヴォワラ！」（それ欲しいの？　それここに！）という名前のバーもありました。クラシック音楽のピアニストだった私にとって、ピアノ・バーでの演奏は、ある意味でたいへん有意義な経験でした。そこでは、冷淡で、私のことなど全くお構いなく無視する人達の中で演奏する、ということを学んだのです。今日すべてのピアニストは「聴いてもらえない中で弾く」という不愉快な印象を乗り越えるために、ピアノ・バーの経験をする必要が少しあると思います。時と共に段々慣れてくるものです。客を楽しませながら、自分のレパートリーを静かに勉強するということに、一度ならずとも我ながら驚いたことでした。

こんな場所のひとつで驚くべきことが起こりました。あるホテルのバーで弾いていた時、モーリスというアメリカのユダヤ人パイロットがやってきて、私にブラームスの作品一一八の第二番を弾いてくれ、とリクエストしました。喜んで演奏すると、私の傍らに佇《たたず》み、微動だにせず演奏を聴いていました。弾き終わると、今度は彼の為にベートーヴェンを弾いてくれるように、と頼んできました。三十分間、こうして私の弾くピアノに耳を傾けた後、彼は叫びました。

「君、きみは将来カーネギーホールで弾くよ！」

「どうして、冗談じゃない、僕をからかうんじゃないよ！ご覧の通り僕は無一文で、家族を食べさせなくちゃいけないから、こうしてピアノ・バーで弾いているんじゃないか！」

私は憤慨して彼にこう答えました。

当時私は、数年後に国際的なキャリアを始めるなんて想像もできない、遠くかけ離れたところに居たのです。一九五一年、カーネギーホールでニューヨーク・フィルと協演したその夜、楽屋にこの同人物が入ってきた時、私は死ぬほど感激し、目に涙が溜まりました。彼はこう叫びました。

「君、言っただろう!」

このことを想い出すと、まだ鳥肌が立ってきます。

■マルグリット・ロン賞

マルグリット・ロン賞を受けてみたら? と言ったのは母でした。ある日、彼女は言いました。

「ねぇ聞いて! パリのあるコンクールのことを耳にしたの。旅をしてみたらどう? もし弾きたくなければ弾かなくてもいいのよ。でも、もし弾きたいという気持ちがあれば、その時はやりなさい! 賞を取れなくても問題ではないわ。あそこでは誰もあなたのことを知りませんからね」

彼女は申込書、パスポート、汽車の切符等すべてを用意してくれましたが、それは戦後のイタリアでは、獲得することが非常に困難なものばかりでした。

私は平静を保って、何の夢を抱くこともなく、このコンクールに参加しました。それは一九四九年六月、二十四歳のことでした。どうということなく第一次予選を通過し、本選に残ったのがわかった時、はじめて心配し始めました。そこまで行けるとは想像もしていなかったものですから！　ラッキーなことに本選はすぐやって来て、私は本物のパニックを募らせる時間がありませんでした。

本選の後、人がやってきてこう言いました。

「チッコリーニさん、貴方が一等賞ですよ」

「いや、ご冗談もほどほどに。もっとほかに良い人がいるでしょう！」

ギョッとして私は答えました。するとその人は、私を信じさせる為に、文字通り、舞台に私を押し出したのでした。

その夜、私はモンマルトルで夕食をとりましたが、そのパリのレストランで独り、心配が湧きあがってきました。というのも実は、その数時間前にコンクール秘書室が、ニューヨークのコロンビア・アーチスト・マネージメントから一本の電話を受けていたのでした。アメリカ合衆国で三ヶ月、南アメリカで三ヶ月、中南米で二ヶ月の演奏旅行を私に提案してきていたのです。この電話は二週間もの間、私を動揺させました。

当時このようなコンクールは、一人の音楽家にキャリアの門戸を大きく開き、マルグリット・ロン賞は、はじめての重要な国際的演奏旅行を私にプレゼントしてくれました。

コンクールは、パリで最初の重要な演奏会も提供してくれました。サル・プレイエルでの協奏曲のシリーズを与えてくれ、フランクの交響的変奏曲、モーツァルト、ニ短調Ｋ４６６、そしてチャイコフスキーを弾きました。賞は私に七十八回転のレコードでスカルラッティのソナタの録音を実現化してくれました。少し後にはチャイコフスキーの協奏曲も録音し、後にそれは初の三十三回転盤※"長時間録音"のレコードとなりました。

※ レコードの歴史はまず七十八回転盤から始まり、後になって、より長時間の曲を録音可能にした三十三回転盤が現れた。

■音楽の悪魔《デーモン》に取り憑かれた私

私の子供時代からマルグリット・ロン賞に至る道を思い起こす時、もし道標《みちしるべ》の糸を探すとしたら、ただ単に個人的欲求や家族の友人達が、私を音楽の道に押しやった以外の何かがあったとしか自分には言えません。あたかも誰かが、あるいは何かが（それが一体何なのか私にはわかりません）、ある人達はそれをデーモン※「悪魔に取り憑かれた」と名づけますが、私を通して私の知らない意図を現実化するよう、探し求めているように思えるのです。

私はごく幼い年齢から、音楽はpossession（憑依《ひょうい》＝悪魔に取り憑かれること）の種類のように感じられていました。ええ、そうです。この言葉は強すぎるものではありません。ある意味で我々音楽家は「道具箱」です。我々は指、筋肉、忍耐、記憶を持ってはいますが、私達を動かし、私達を越え、私達の芸術の手段によって、姿を変えられるよう要求するのは、別（他）のものです。

両親からキリスト教徒としての教育を受けたとは言え、私はいわゆるキリスト教信者ではありません。むしろ仏教のような東洋の精神性に共感を覚えます。仏

※ ギリシャ語由来。この言葉は「饗宴」の中のプラトンによるもので、ソクラテスを使い、神に由来する才能にあずかる天分＝精神的な天分が、ソクラテスに思考と解決法を着想させた、とする。ラテン語のgeniusに繋《つな》がり、daimonはその後、同時に否定的な意味をとり、キリスト教聖句の中で、フランス語でいうところの「悪魔」も意味するようになった。

教は宗教ではなくひとつの哲学で、仏陀は霊感を悟ったことでしょうが、自分自身を常に人間と見ていました。神ではありません。そこがキリスト教と仏教の大きな違いです。

音楽の経験は内的な確信を与えました。ある大きな力が我々の人生に、運命に影響を与え、なんというか……我々を操っているかのようです。アーティストとして実際の体験には属さない、どこかからの力がやって来るように思える感覚を持つことがあります。才能を超えたところのもの、例えばモーツァルトのような、五歳でたったひとつのハーモニーの間違いも犯さず作曲するという早熟の才能で説明できるかも知れません。あるいはフルトヴェングラー指揮のもと、十歳でベルリン・フィルとベートーヴェンの協奏曲を演奏したメニューインの、大人の成熟度のようなものです。

私に関しては、自分の中に一人の独裁者がいつも潜んでおり、私を疲れを知らぬ探求に追いやり、ひっきりなしに私を乗り越えようとするものが居る、と言えるでしょう。今でも夜中に起き上がり、指使いやフレージングを探したり、あるいはテキストの詳細を見ようとすることがあります。音楽は私にとって、こんなにも必要なものであって、もしいつか、ある日弾けなくなるようなことになってしまったら、もう私にとって人生は生きる価値がありません。

第2章 音楽を生きる

■フランス、芸術的な新しい祖国

マルグリット・ロン賞の後、私はイタリアには戻らずフランスに居を構えることを決心しました。なるほどフランスで私の最初の契約があったのですが、それが肝心の動機ではなく、この土地が私には本当に快適だったのです！ この国に住むことによって戦争中イタリアで経験した戦争の惨禍からついに免れ、新しいページを開くことができるだろう、と考えたからでした。

世界に著名な人物を送り出し、芸術家と国の文化的遺産に深い敬意を払う国。私は、ひとつの国＝比類なき自由な領土、豊かな文化を持つこの国で、将来の見通しをまさにハッキリと違ったものに予見していました。歴史的な観点からの表現として、ひとつの国民、ひとつのまとまった国※ではなかったイタリアとはすべてが反対でした。その政治的な若さゆえに、イタリアは自分達の本来の芸術家達を認めて価値を上げることを知らなかったのです。たとえ、イタリアに戻ることが毎回大きな喜びを伴ったとはいえ、私はフランスを自分の国としたのです。

マルグリット・ロン国際コンクールに辿りついた時、私は輝かしいピアニストでした。この見事な技術は、だからと言って私をそれほど良い演奏家にするわけではありませんでした。イタリアの私の先生達は「清潔に弾く」ということの必要性を説きました。指に重点を置いて、楽譜の、音楽のテキストの中で、やらなくてはならないこと、やってはいけないことを教えてくれました。しかし演奏芸術は……というと、ほとんどそれは職業芸術家だけに残されたことであり、学生が入れる領域ではなかったのです。イタリアには本物の個性を持つ若いアーティストがたくさんいましたが、彼ら各自独特の表現方法を見つける助けをする代わりに干からびさせてしまったのです。

幸せなことに、フランス人の先生達は感受性の想像力をより多く持っていました。フランスでマルグリット・ロン、アルフレッド・コルトー、イーヴ・ナット、ジ

※ 以前、共和国や公国の寄せ集めだったイタリアは、一八四八年に始まったリソルジメントと呼ばれるイタリア統合運動によって、その統合を一八七一年、イタリア王国宣言の年に終えた。

ャック・フェヴリエという人達と触れあうことによって、私はフランスで、音楽というものが本当にわかったのでした。

■マルグリット・ロン、アルフレッド・コルトー、イーヴ・ナット

両手の平衡感覚、音の技術者の言うところの「バランス」を私に発見させてくれたのは、マルグリット・ロンです。彼女はいつも言っていました。

「伝統音楽にはメロディとハーモニーの要素があり、その地下にすなわち低音があるんですよ」

この建築的解釈は非常に単純に見えますが、若かった私はそんなことを一度も聞いたことがありませんでした。単に音を弾くだけでなく、同時にある特別なやり方で音を鳴らすよう、私に要求されたのは初めてのことでした。

ラヴェルの協奏曲 ト長調 第二楽章について、彼女が話してくれた素晴らしい助言を思い出します。彼女はこう説明していました。二つのワルツが重なっていて、右手でゆっくりの、左手で速いワルツを、と。

「メロディはどうしたって聴こえます。あんなに美しいメロディ、誰も聞き逃しません。だから左手の方をもう少し余計に聴かさなくてはいけないのです」

マルグリット・ロンはいつも十分油のまわったピアニスティックな技巧に取り憑かれていました。彼女はその厳格な要求を私に伝えました。彼女には特にドビュッシー、ショパンそしてモーツァルトを学びました。

アルフレッド・コルトーは技術に専念するより、書かれている音楽書法に目を向けていました。この心底から知的な男性は、よく分析用語で喋っていました。彼はフレーズから骨格を引っ張り出し、どこに重点があるかを正確に突きとめることを好んでいました。彼は言葉の選択と正確な表現に長《た》けていました。彼が書いた本※の文章スタイルは優美で、私達は今でもそれを高く評価できます。

彼とはフランクとシューマンをたくさん勉強しました。フランクの『前奏曲、コラールとフーガ』という曲に抱く彼の個人的な見解を思い出します。「わかりますか？ フランクはきっとたくさんの疑問の餌食《えじき》だったのですよ」と彼は説明します。「この曲は内的苦悩にほだされて教会に入る男の、感情の道筋を物語っていま

※アルフレッド・コルトー（一八七七―一九六二）の主な著書：「ショパンの様々な局面」（パリ、アルバン・ミッシェル社、一九九〇年最新版）、「演奏講義」（ジュネーヴ、スラトキン版二冊。一九七九年と一九八九年）、「フランスピアノ音楽」（パリ、P.U.F.一九九六年最新版）

す。〈前奏曲〉は危機を描写する準備段階。それから男は寺院の中へと入り、祈りを捧げ、コラールがそれに答えます。コラールは男が祭壇に近づくにつれて、一回ごとにますます強く、三回に亘って介入します。彼が原点に近づけば近づくほど、作品は巨大な空間を暗示し、〈フーガ〉は、遂にそこから自力で抜け出す男の意思を表します。素晴らしい作品です。これは自分自身の危機を乗り越える男の人生行路なのです」。

シューマンの大演奏家として正当に評価されていたイーヴ・ナットには、当然のことながら、私は協奏曲を学びたいと思いました。彼は生徒を気楽にさせる為に、きわめて独創的かつ個性的なアプローチをしていました。初めてのレッスンから彼は私に言いました。

「弾いている時、君は穏やかではないね。心地よく弾いてごらんなさい。君、知ってる? 弾く、ということは瞬間瞬間の喜びなんだよ。だから、まるで美味しいアイスクリームを味見している時のように、とびきり上等な料理をゆっくり味わっている時のように弾いてごらんなさい。弾きながら喜びを感じるように学んでごらんなさい！」

喜びですって？ とんでもない！ 長年の私の勉強期間中、誰からもそのようなことを感じるように要求されたことはありませんでした！

イーヴ・ナットは心に触れるアーティストでした。明と暗が同時に存在する逆説的な芸術家。音楽の喜びを伝達することをあれだけよく知っていた彼なのに、耐え難い怖気《あがり》の苦しみを蒙《こうむ》って、ほとんど十七年間、舞台から離れてしまっていました。「知ってるかい？」ある日、彼は私に謙虚に打ち明けました。

「実はコンサートの夜になると、会場が火事で消えてしまったら良いのに……と必ず密かに願ってしまうものだから、私はほんの少ししか公開演奏しないんだ」

しかし、彼が自宅でのレッスン中にピアノに向かう時の、その並外れた演奏は、私達を魅了し尽していたのでした。

ジャック・フェヴリエも知りました。彼は信じられないほど知識を持っている人です。フランシス・プーランクを紹介してくれたのも彼でした。私はフランス人芸術家達と共に色々なことを学びました。音楽家だけに限らない、芸術家達です。

■特別な出会い

私のフランス到着時、国はまさに文化的興奮を覚えている時期でした。パリは非常に多くの演目がひしめきあっており、週に幾つもの初演も含まれていて、一体どこに行ってよいやらわからぬほどの賑わいでした。それは極めて豊かで刺激的な素晴らしい時代でした。何でも話せ、何でも書くことができ、全ての事柄についで、くったくなく意見を交わすことができる時代でした。

フランスの芸術家や知識人達を動かしていた意見や想像力の、この信じ難い自由に、私は果てしない賞賛を感じていました。私の最たる希望は、生きる術と考える術のモデルとなって私の目に映る、この国の大人物達とお近づきになることでした。

彼らに出会うことは、いつも容易《たやす》いこととは限りませんでした。思い出しますが、私は特別優れた個性のジャン・コクトーに魅惑されており、誰彼かまわず、彼に紹介してもらいたいのだ、と言っていたことを思い出します。でも私はどうやって良いのかわかりませんでした。チャンスは私の友人のひとり、インドシナ銀行頭取り未亡人（年配のご婦人）マダム・ティオン・ドゥラ・ショーム夫人からもたらされました。彼女は大富豪で翡翠《ひすい》のコレクションを持っており、それはヨーロッパ最重要のもののひとつでした。ある日、彼女がとても親しい友人を呼んだから貴方にも合流して欲しい、と電話をかけてきました。私が着いた時、彼女はシャペル伯爵夫人という人を紹介し、お茶を飲みながらこう言いました。

「お前は今でもコクトーに会いたい、と願っているのかい？」

「ええ、もちろんですよ。でもこれは不可能な願いのように思えます」

と私は答えました。その時、シャペル夫人が笑い出しました。

「あら、私が一本電話をかけさえすれば済むことよ。私の弟ですもの」

彼女は受話器を取り上げ、その翌日にジャン・コクトーとのランデヴーを取ってくれました。

詩人は私を非常に優しく迎え入れてくれました。本当に臆病だった私は、次のように言いました（後に、ジッドや他の人達にも同じように言った台詞ですが）。

「私は自分の人生を貴方に喋りに来たのではありません。ただ、貴方のお話を聞きたいのです。」

たった三十分だけ居るつもりですから、大切な時間にお邪魔をして申し訳ない、と詫びると、「いや、私は充分に時間がありますよ！」と彼は答えてくれました。それから二時間、俳優のパラドックス※、演劇の、音楽のパラドックスについて、そして他の諸々のことについて話してくれました。

同様に、私はジッド※にも会いました。何故なら彼に、ショパンのことを話してもらいたかったからでした。ジッドはショパンについて、たいへん感性豊かに話していました。出会いの中には、私がこうして知り合ったモーリアックやモロワがいます。モンテルランにもどれだけ近づきたかったか知れませんが、チャンスがありませんでした。

これらすべての交流が私にとって大切で、芸術家達はみな素晴らしい思考の自由を持っており、全ての事柄や誰それについて、彼らの頭をよぎること全部を率直に話してくれる彼らの話を聞くことは、私を魅了し、私の演奏家としての個人の探求をどれほど豊かなものにしてくれたことでしょう。

※ ドゥニ・ディドロの有名な文章の照合。「役者の逆説」（一七七三年から一七七七年の間に執筆）。この中でディドロは、良い役者の長所は感受性でも感動でもなく、熟慮とよく考え抜かれた判断力にある、と断言している。

※ 音楽の情熱家、彼自身ピアニストだったアンドレ・ジッドは「ショパンについてのノート」というタイトルの作品を書き、一九三八年、国際音楽雑誌に出版された。（最新版：パリ、アルシェ版一九九七年）

D.R./coll. Aldo Ciccolini

アルド·チッコリーニ21歳、ナポリにて

D.R./coll. Jean Darnel

D.R./coll. Aldo Ciccolini

D.R./coll. Aldo Ciccolini

D.R./coll. Aldo Ciccolini

[右上] サロン・ド・プロヴァンス音楽祭で上演された、ジャン・ダルネル演出ミュッセの演劇「愛を軽々しく扱ってはならぬ」（女優ジュヌヴィエーヴ・カジルと男優ジャック・トージャと共に。中央がアルド・チッコリーニ）

[右下] 一九七〇年代、指揮者セルジュ・ボド氏（中央）と俳優ジャン・マレ（右）と共に

[左上] エックス・アン・プロヴァンス音楽祭の創立者であり、音楽ディレクターのガブリエル・デュスュルジェと共に（一九七四年）

[左下] サンソン・フランソワと共に（一九五二年、サン・マロにて）

D.R./coll. Jean Darnel

D.R./coll. Aldo Ciccolini

D.R./coll. Aldo Ciccolini

D.R./coll. Aldo Ciccolini

D.R./coll. Aldo Ciccolini

［右頁上］ 歌姫シュワルツコップ、ジャン・ダルネルと共に（一九六七年）

［右頁右下］ マントン音楽祭にて、歌手ジャニーヌ・ミショーと共に（一九五八年）

［右頁左下］ ジョルジュ・サンドの家にて。シュワルツコップとノアン・ロマンティック音楽祭の音楽監督ジャン・ダルネルと共に（一九七〇年）

［左頁上］ ワグラムスタジオの門番宅の猫と共に（一九七〇年）

［左頁下］ 左から女優ローランス・バディと歌姫マディ・メスプレ、右端の横を向いているのが作曲家ジョルジュ・オーリック（一九七四年）

［左頁左］ 弟子パスカル・ル・コールと共に（一九七八年）

D.R./coll. Aldo Ciccolini

D.R./coll. Jean Darnel

アルド・チッコリーニ。モリエール作ブルジョワ・ジョンティオムの上演で。演出はジャン・ダルネル。

バスク音楽祭にて（1975年、サン・ジャン・ド・リュズ）

■演劇への情熱

演劇もまた私にとって、本当の霊感を生み出してくれる源《みなもと》でした。当時パリでは並外れた数の演劇活動が行われていて、若い私の演奏家業の合間に暇を見つけると、演劇の芝居小屋やコメディ・フランセーズ劇場を熱心によく訪れました。私はジャン・ダルネル※やモーリス・エスキャンド※のクラスに出席したことさえあります。こうして私は多くの役者達と知り合い、俳優達の技で発見したことに強い共鳴を受け、それが私の音楽の勉強にも影響しました。

私のピアニストとしての夢は、人の声を真似ることでした。声の語調、朗唱、投影の技、フレーズのハッキリとした発音、囁《ささや》きの中で肝心なことを言う方法等は、役者同様、演奏家にも必要なことです。演劇にあるように、音楽語句（フレーズ）にも、そのハッキリとした発音、句読点や劇的頂点があります。明瞭な発音、発声は、俳優にとってと同じように、音楽でも優先だと思われます。

※ジャン・ダルネルは俳優、演出家、フランスの著名な大音楽祭の創設者で、そのディレクターも長年務めた。
※ モーリス・エスキャンド（一八九二－一九七三）俳優。多くの作品に出演。一九六〇～一九七〇年までコメディ・フランセーズの重役もつとめ、たくさんの優秀な俳優を輩出する。

幸運にも私は大女優マリ・マルケに会うことができました。彼女は一九七五年当時、聖ジョージ教会で詩の夕べを何回か上演していました。一人舞台で演じるこの年老いた婦人は、会場に鈴なりの客を前に、テーブルを前に腰掛けて詩を読んでいて、観衆は生き生きと感動で活気づいていました。

上演のある一夜、芝居がはねた後、彼女が自宅に何人か、生徒や私を含めた友人達を招待したことを思い出します。足を患っていたので、ソファに横になった彼女が詩を読み始めた時、私は気づいたのです。彼女の朗唱は、ほぼ小節の拍子を打てるような朗唱法でした。

彼女が詩を朗々と読む中に規則的な脈の存在が窺《うかが》われたので、朗読が終わるとすぐ、こう尋ねました。

「マリ、貴女は音楽をなさったことがおありですか？ 何故って、貴女が朗読なさる時、信じられないリズムがあるんですもの！ 三連音符や八分音符、ありとあらゆるリズムの表現が！」

彼女はなるほど歌を勉強したことがあるけれど、とりわけリズムに注意した表現の技を学んだわ、と答えました。

私はこの同じ音楽性をピエール・フレネのような他の大俳優達の中にも見出しました。彼とは協力して、詩と音楽の夕べを、何度か舞台にかけました。私達のリサイタルでは彼が詩を選択し、私が音楽プログラムを考えました。

ある日、彼の楽屋に入った時、そこで発見したことに強い感銘を受けました。テーブルの上には彼が朗唱すべき作品がタイプされて置いてあり、大きな幅の行間のそのひとつひとつにクレッシェンド、ディミヌエンド、ラレンタンド、アクセントが書かれていたのです。彼が詩に音楽用語を使っているのを発見して、私は唖然としました。

■大指揮者たち

面白い論議、異なる出会い、記憶すべき音楽的体験に溢れる、それは本当に豊かな時代でした。フランスは私に、国の最も優れた指揮者達と共演する機会を与えてくれました。ミュンシュ、モントゥ、デゾルミエール等々。ピツェッティのコンチェルトを共演したロジェ・デゾルミエールの素晴らしい思い出があります。彼は最大限に節約された運動で指揮をしていて、全く動いていないような印象を与えていました。素朴なひと振りで割れるようなフォルティシモを獲得するのです。

当時、マルグリット・ロン国際コンクールのようなコンクールは、自動的に外国のオーケストラと共演する道を開きました。特にアメリカのボストン、フィラデルフィア、シカゴ、そして名高いニューヨーク・フィルです。私はそこでディミトリ・ミトロプーロスと十三回共演する機会を得ました。ミトロプーロスは私達が共に行うコンサートとリハーサルを暗譜で指揮していましたが、彼は何にも勝る長所＝正当な〈テンポ〉を備え持っていました。というのは夫々が自由に、縛られるでもなく、ゆっくりするのでもない、よくコントロールされた拍子の取り方で音楽作品の価値を非常にうまく引き立たせるテンポです。これはひとつの才能です。この信じ難い直感は、フランスでは、クリュイタンスに見ることができました。今日では、クラウディオ・アバド、リカルド・シャイー、あるいはミッシェル・プラッソンもそうです。

一九五一年、ローマでフルトヴェングラー率いる、ベートーヴェンの協奏曲第四番を、ある病気のピアニスト（ケンプでしたが）の代わりを務めるように、と声をかけられました。私はフルトヴェングラーとの共演を大変心配しましたが、彼は非常に親切で自然で、私達はその協奏曲を三回演奏しました。今でも想い出します。ピアノパートのテーマ提示の直後、フルトヴェングラーが振るとすぐ弦楽器が始まり、オーケストラが醸し出した時の強い音楽的感動を今でも感じます。素晴らしい体験でした。数年間もの大教師との勉強より、私にとって、ずっと雄弁なものでした！　フルトヴェングラーのような音楽的大人物の中には、芸術家にその秘密を明かすように影響を及ぼす人がいます。彼らと一緒に弾いた後と前では、私達はもう同じ人間ではないのです。それほど影響力が大きいのです。

■ジャック・ティボーとヘンリク・シェリング

私は、とびきり素晴らしい音楽家達とデュオを組む喜びを味わいました。ヴァイオリニストではジャック・ティボーやヘンリク・シェリング、チェリストではポール・トゥルトゥルトゥリエ、歌手ではジャニーヌ・ミショー、レジーヌ・クレスパンやニコライ・ゲッダです。なかでもジャック・ティボーとは、彼のお蔭で、私の音楽的感動の最も美しい瞬間を体験しました。

私は毎年バスク地方に在る「ゾルチコ」と呼んでいたティボーの別荘で、休暇を過ごしていました。ティボー夫人は音楽が大好きで、夫妻共に、どうしても私が彼らと共にヴァカンスを過ごさなくてはならない、と主張していました。一九五一年、ティボーは戦前にコルトーと結成したデュオを再び編成し直したいという願いを表明しました。ドイツと戦争に入ったことは明らかに多くの音楽活動をストップさせてしまいましたが、彼ら二人の別離の深い理由は、二人の政治的意見の不一致です。その原因が永続的に彼らを対立させたのでした。コルトーがヴィシー政権のもとで高等弁務官に、そして国民教育の音楽部門専門アドヴァイザーとなるのを承諾したことは、名誉の戦死で自分の息子を亡くしたティボーにとって、ひどく受け入れ難いものだったのです。

しかし、ティボーは一度仲直りをしに、スイスに居るコルトーに会いに行こうと試みましたが、コルトーは彼を受け入れようともしてくれなかったのです。私はジャックを駅まで送り、戻ってくる彼をまた駅で出迎えました。コルトーの反応にひどく悲しんでいることを、彼の沈黙で、すぐに察知しました。

まさにその夜、友人達との夕食の間に、彼は、遂に告げました。

「アルフレッドは私に会ってくれなかったんだ」

食卓の仲間達にシーンとした静寂が走りました。

「アルド、君の活動の二ヶ月を私にくれるかい？」突如、彼は私に尋ねました。

「先生、よろしければ一年でも差し上げますよ！」私は叫びました。

「よし、じゃあ今日から練習を始めよう」

こうして、私達のデュオは結成され、二年もの間、私達はたくさんのコンサートをしました。音楽的な観点から、それは素晴らしい体験だったと言わざるを得ません。何故なら、この音楽家を見ることは、イーヴ・ナットの時のように、文字通り、うっとりさせられるものでしたから。演奏の時、本当に恍惚と忘我の状態に入っていて、すっかり彼の顔つきは表情が変わりました。時々弾くのを止めて、私に言っていました。

「なんて素晴らしいんだ……ねぇ、聴こえるかい？　アルド。なんて素晴らしいんだろう！」

それは音楽と音の恋人でした。二人の共同作業中、彼は私を完全に自由にさせてくれました。しょっちゅう言っていました。「君の頭に浮かぶことをやって」。確かにまず私は彼を聴くことに専念していました。何故なら彼は非常に微少なパートで個性的なフレーズの作り方をしていましたから、私は彼のあとについてゆくことを学ばねばならなかったのです。この素晴らしい音楽的冒険は不幸なことに突然終わってしまいました。一九五三年の飛行機事故※によるティボーの悲劇的な死と共に、終わってしまったのです。

後の一九八〇年、私はヘンリク・シェリングとデュオを組み、二回音楽会をしました。シェリングは、ティボーとは全く違った気質を持っていました。それはより知的で頭脳的なもので、彼にあっては全てが一ミリメートルの詳細に亘って考え抜かれたものでした。でも彼はとても上手に弾いていたので、彼と勉強したことは私の並外れた思い出となっています。

※ピアニスト、ルネ・エルバンを伴ってインドシナに赴く途中、彼の乗った飛行機はフランスアルプスに墜落し、一人の生存者も居なかった。非常に残念ながら、日本へ演奏旅行に来る途中に遭遇した飛行機事故だった。

■エリザベート・シュワルツコップ

私は小さい時から歌に魅了されていました。歌手の叔父が歌の学校を創設していたので、私は八歳か九歳の時から生徒達の何人かの伴奏をしましたが、その時叔父は言っていました。「自分の出す音をまるで見えるもののように、聴いていなくちゃいけないよ」。後になってエリザベート・シュワルツコップ彼女自身から、さんざん聞いたことでもありました。

私の友人ジャン・ダルネルの発意によって、一九七〇年、ノアン音楽祭のコンサートを予定し、エリザベート・シュワルツコップに会い、それから二年間、私は特にベルギーで彼女の伴奏をしました。また、ヴェルサイユのオペラで行ったコンサートは、ピエール・ジュルダン製作の素晴らしい映画作品となりました。彼女と勉強して多くを学びました。というのも歌と声に対する彼女の解釈は、まるごと音楽に当てはめることができたからです。指揮者でさえ彼女から学ぶことができたでしょう！

まず何にも先がけてエリザベート・シュワルツコップは私に、母音が何であるかを理解させてくれました。イタリアでは多くのオペラ歌手を知りましたが、オペラ歌手の歌唱法は、その人がどんなに立派であったとしても、リートの歌唱法とは比較し得るものではありません。リートは、ピアノのフレーズの音楽語法でのように、話されたテキストに大変近いのです。私達ピアニストにとって、歌の伴奏を学ぶことが如何に勉強になるか、という理由がここにあります。

エリザベートがある日、私を褒めてくれ、いたく感動したことがあります。私達はノアンでの初めてのコンサートを準備せねばならず、その中で彼女は『胡桃の木』というシューマンの歌曲を歌うことにしていました。この為に、私は一週間ジュネーヴの湖畔にある彼女の家に泊まっていました。そして私達の初めてのリハーサルに、彼女はイギリスから直接、嵐の中を到着したのでした。彼女は雨合羽を脱ぐと、声を出すために居間の隅に立って腕を後ろに組み、始めの曲を歌い出しました。私はシューマンの歌の導入部を普段聴き慣れているテンポよりもずっと遅いテンポで、彼女のあとを継いで弾きました。彼女はやめることなく歌を続けましたが、終わると夫のワルター・レッゲを振り返り、英語でこう言いました。

「ワルター、お聴きになった? このテンポはなんて素晴らしいんでしょう!」

彼が同意してから、彼女はこう付け加えました。

「彼を養子にしなくっちゃね！」

この歌を何度も沢山歌って熟知していた彼女でしたが、今しがた私の取ったテンポがどれほど理想的なものだったか、目からウロコが落ちる思いをした、と私に打ち明けました。それを聞いて私は、どんな年齢になろうと、ベテランの音楽家でもまだ発見することができるのだ、ということを教えられました。

ワルター・レッゲは彼女の夫で、私達のすべてのリハーサルに付き添っていました。彼は弾くことはできませんが楽譜を見事に読んでいて、ある日、彼はこう言いました。

「四小節後にある、この二つの音符を見てごらん、二つの点が付いているこの二つの音符。君は点を見ましたか？」

それらを見落としていたことを、私は白状せねばなりません！エリザベート同様、彼は、同様に厳しい指導者の姿を見せたのでした。まるで歌の先生がするように、彼は彼女に振舞っていました。そして、何度も彼女の誤りを直すのです。

「エリザベート、君の声は在るべき所に行っていないよ。この子音はあまり明確ではない。エリザベート、この母音はちょっと開けすぎですよ。」

エリザベート・シュワルツコップと仕事をしたお蔭で、本物の芸術家には、明確に言うと性別の区別がないということを発見しました。エリザベートはうっとり魅せられるような女性で、皆が彼女の美を褒め称えていましたが、私は彼女が単なる女性である、とは断言しかねます。彼女には、なんというエネルギーが備わっていたことでしょう！ 私は彼女を男女両性の実在人物として見ていました。時には女性らしさや素晴らしい繊細さを表現したり、時には軍団の一将軍と同じくらい強く、威圧的な要素を表現することのできた人でした。

■私達は大家族

私の人生、活動の道中に出会ったこれらの大芸術家達、その人が作家であれ、俳優であれ、音楽家であれ、私を深いところで結びつける何かがありました。それは貪欲な探究への欲求です。芸術家を乗り越え、また芸術家を活気づける何ものかを追い求めるように、完璧を目指して進む、あの飽くなき探究欲です。

非凡なこの人物達は、人が宗教に入るように芸術に入りました。彼らの熱烈な誓いを私に共有させながら、夫々の人がそれぞれのやり方で、私にひとつの哲学を手ほどきし、導いてくれたのでした。その哲学は言わばある種の精神性に色づいており、そこでは自我は作品の為に消え失せ、芸術と音楽が一体となって生き方、考え方、世に存在する在り方として考えられていました。

私の人生に沿って形作られた、今日《こんにち》「芸術的家族」と呼んでいる、そのただ中のフランスで、私はもう一度生まれました。私には芸術的なひとつのグループに属している、という強い感情があります。他の芸術家達との交流なしには決してこの所属の感情を築けなかったことでしょう。交流＝互いに影響し合い、多くを与えあうことのできる、私達音楽家にとって根本的な交流。

終戦にあたって（戦前もですが）、フランスは夥《おびただ》しい芸術活動を誇ることができました。それは音楽家、作家、舞踊家、画家、造形美術家達をつなぐ、たくさんの関係に養われた創造力の豊かさです。絶えざるこの競争心が文化のバイタリティを駆り立て、たくさんの創作品が日の目を見ました。

今日では、もうその事情にないことを、私は嘆きます。アーティスト達は、それぞれが自分の領域で仕事をし、あたかも運動選手がスポーツ競争に立ち向かうように自分のキャリアに取り組んでいます。我々の時代に、芸術水準はこんなにも低下してしまいました。シュワルツコップやティボー、コルトー、ミトロプーロスのような筋金入りの強いタイプの音楽家を見つけることがより難しくなった理由は、この芸術家の孤独が原因だ、と私は見ています。

第3章 教えることは、教わること

■音楽院の教授

一九七二年、パリ国立高等音楽院の教授に任命されるまで、私は教えることを考慮に入れていませんでした。終戦後、生活のためにレッスンをしたことはよくありましたが、すぐに演奏活動が生活の全てを占めてしまい、教育を傍らに放棄してしまいました。モニーク・アースの後を継いでくれるように、と文化大臣のジャック・デュアメルから個人的に依頼を受け、それに応えるため、私はパリ国立高等音楽院に志願を提出しました。

当時ヨーロッパの政治は未熟な段階で、フランス人でない私には音楽院で教える権利がありませんでした。そもそも私はフランス国籍を得るのに五年もかかったのです。自分が事実上イタリア市民なので志願すら不可能です、と大臣の秘書に返事をすると、大臣自ら「志願を提出しなさい。我々が貴方のフランス国籍獲得のために必要なことを致しましょう」と仲介してくださいました。そして二ヵ月後、私はフランスのパスポートを手にしていたのです。

前記したように私はまったく教えることを考えてはいなかったので、マドリード通りのあのような学校※の教授として、将来の生徒達に何を与えることができるのか……熟慮を余儀なくされました。まず彼らにこう説明しました。

「私はあなた方を教えにやっては来ません。あなた方に、まず音楽を愛することを教えに来るのです」

私は彼らに音の美しさ、譜面の読みの深さ、フレーズ、歌について、まず話しました。こうやって少しずつ、私はピアノを教えるようになったのです。

■音の美しさの必要性

教育者が初級の生徒を育てるとき、まず気付かせねばならない第一のことは、音に対する感覚です。最初の練習時から、先生の第一の関心事は、生徒に音の美

※ パリ国立高等音楽院

意識感覚を養わせることにあるべきです。私はこの必要性を、当初から生み出さねばならないと思います。何故なら、後になってはその感覚を伸ばせられるかどうかわからないからです。もし、音質に対する良い感受性を若い時に確実に培うことができれば、良い音、悪い音の判断を子供達自信が判別することができるようになります。

残念ながら多くの教師が何よりもまず正確に鍵盤を打つことを求め、その熟練を生徒に促す傾向があります。「正確さ」と言っても多くの意味がありますが、この場合不幸なのは、それがただ間違わない音を叩く、ということだけを熟練させるからです。

もう何年もの間、音楽家の機械的な演奏を聞いてきました。このようなピアニストはいつの時代にも存在しましたが、これは、ひとつに学校教育の過ちでもあると思います。学校ではあたかも、少数の優秀な学生だけが丁寧に音楽をすればよく、他の生徒はどうでもよいと考え、皆に平等公平に音楽的な指導をするのを放棄しているように思われます。どんな生徒にも教える必要があると思いますが、私はアタック(打鍵)の「正確さ」の代わりに、アタックの「質」を考えさせることによって、生徒に音楽のより広義な意義に考えを至らしめ、壮大な探究の世界の扉を開けてあげることになると思います。

〝ミスなく音を弾かなくてはならない〟という、正確さを求める強制は、しばしばミスタッチに対する恐怖心を引き起こします。そうは言っても恐怖心を持って当然でもあるのですが……。しかしながら、はじめにミスタッチを避けようとすることだけに専念する音楽家は、どこか間違っています。彼らの音に対する恐怖は、音と音を隔てている距離のことを考えず静かに移行する替わりに、身体を固くしてしまっていることに因ります。うまくいくようにするためには、何度か「間違う」ことを受け入れなくてはなりません。何度も繰り返しやってみて、少しずつ相応しい動きを見つけ、それに今度は自分が慣れ親しめるよう習熟せねばならないのです。

■勉強と想像力

あらかじめ頭の中で勉強をすることは、とても大切です。何故ならばその頭脳的な勉強が、後に続くピアノを弾きながらでの勉強で、冷静に練習できるかどうか、を本質的に左右するからです。ピアノの前に居る時は間違った音を弾きはしないか、と不安になります……特に新曲に取りかかっている時には。しかし、ソファの上ではそうはなりません。心地よく座り、楽に読譜ができれば、音楽家は自分が上手く演奏しているところを想像できます。これを視覚化することこそ、あらためてピアノの前に座った時に持つべき心構えなのです。

このようにして頭で楽譜を勉強しながら気付いたことですが、ある種の技術的問題は、単に自分が「すべて」の音をイメージしていなかったことから発していたのです。

譜面上での勉強は、私達ピアニストの勉強の重要な部分をなさなければなりません。なぜなら、それによって自分がどのように弾きたいのか、が想像できるようになるからです。ひょっとすると私は奇妙な考えを持っているのかも知れませんが、異なった生徒に勉強させながら、よくこう自問していました。「才能がある、とは何を意味しているのだろうか？」よく考えてみると、我々は才能と想像力を自由に駆使できることに気がつきました。もし、自分の弾きたいように演奏しているところを視覚化できて、それを現実化しようとする意志力があるならば、当然自分の描いた理想に必要な道を辿ることになるのではないでしょうか。

この世に在る(人間の造った)すべてのものは、ある時、人が想像したからこそ、今この世に存在していることを忘れてはなりません。たとえば私の手首の腕時計も、誰かが「こんな腕時計を作ろう」と想像したからこそ、こうして今実在しているのであり、我々を取り巻くすべてのものがそうです。進歩しない人達の本質的な問題は、より難しいもの、あるいはより深いものを創り出そうと想像しないことにあります。ところが〝上達する〟ということは、想像する力によって、それまでやり慣れてきたこととは異なった要素を集めて一つにできる、ということです。指は脳に従いますが、脳を刺激する想像力=イマジネーションが無ければ、指はパンをひと切れちぎることさえできないでしょう! 人がもし、ある音の響きや、曲のテンポを想像して、何らかの努力を実行していることがイマジネーションできたならば、その人は既に道のりの半分に達していると言えるでしょう。何も想像しなければ壁の前で立ち往生してしまいます。他の音楽家の演奏を聴くことが必要不可欠なのは、これが理由です。なぜなら、たまには素晴らしい演奏を聴く機会に出会うこともあり、その演奏水準に到達することを想像し、そこを目指そうと試みることができるからです。

■身体の緊張緩和

ピアノを上手く弾くのに必要不可欠だと主張して、ある学派は完全なリラックス、身体全体の緊張緩和を推奨していますが、私にはそれが滑稽に思われます。なぜなら「完全なリラックス」をしているのは死者の身体だからです。死はあらゆる観点から見て、真の休息です。

常時、演奏するときに有益な収縮ができるように保つことが必要なのですから、私としてはむしろ「いつでも収縮や緊張緩和ができる態勢にしておく自由」こそ必要不可欠、と言いたいところです。そもそも解剖学を知らなくとも、学生はピアノを弾いていて何が自然にいっているか、あるいはいっていないかを直感で感じることができます。

事実「収縮」と言う言葉の裏に、人はよく二つの概念を混同しています。好きな時に緊張を解くことができるように計算され意図された緊張と、筋肉の引きつりです。後者の方は、望むにしろ望まないにしろ教育が原因です。ですから私は、生徒に恐怖を引き起こすような教育を施す教師達に対して、いつもひどく抗議をしているのです。彼らは、厳しいから良い教育者だとの評判を得ていますが、実際には彼らは大抵、とても行儀が悪く、実はその厳しさは、しばしば無能力さを隠すひとつの手立てか、あるいは見当違いの権力を夢見る幻想にすぎないからです。私が接した大芸術家達の誰ひとりとして専制的な教師はいなかったですし、もし、ある時、ある人が感情の爆発に身を任せたとしても、そのあとすぐに詫びていたものでした。

教師は、自分の生徒に、平静な感情と、常に相談に応じるという姿勢を伝達するため、何よりもまず自分自身が極めて忍耐強く、冷静でなくてはなりません。個人的に私は、生徒をピンと張った一本の弦のように、彼ら自分自身に誇りを持たせるように心掛けています。生徒にはたくさんの自信を持たせるように仕向けるべきで、彼らが間違えた時には深刻にならず、失礼な侮辱なしに修正します。私はあるクラスでしょっちゅう少年少女が泣いているのを見ました。私はこの先生達に平手打ちを食わしてやりたいと思うくらいです！ こんな教育方法を推奨するような教師や学校は、まったく有能とはいえません。教師は何をさておいても、まず「心理」について知らなくてはならないのです。

■ピアニストの育成

ピアニスト達は作曲の勉強をするのが望ましいでしょう。このような勉強を経た者は、他の者よりも、より容易《たやす》く音楽的構造に入り込みます。ですから教育の一時期、ピアニストは全ての音楽家と同様に和声、装飾対位法、二重合唱、フーガとソナタ形式のような大形式に親しむのがよいでしょう。「アレグロ」と題する第一楽章の意味を知ることは欠かせません。一つのテーマと、それに対するもうひとつ別の着想の認識を含んだ二つ目のテーマ、展開部等……。様式の勉強も非常に面白く、作曲家達の様式を模倣することによって多くを学ぶことができます。

また、ピアニストはオーケストラ・スコアを読み、さらに歌手の伴奏をすべきです。歌手達は、たとえ地球上の全ての欠点を持っていたとしても、呼吸の取り方については絶対に間違えません（絶望的な場合を除いてですが！）。彼らはよく呼吸しますし、言葉が彼らに余儀なくそうさせるのです。

■呼吸の重要性

自分がピアノを弾いている時、俳優や歌手達のように完全には呼吸していないことに気がつきました。私達はいつも、役者の言うところの「sur le souffle（息の途中）」であり、息の半分もしくは四分の一を使い、長い休止の時にしか深い呼吸をしません。そのことに気づいたのは、私が喘息で発作を起こした時でした。おかしなことに、喘息の発作があっても困らないで弾くことができたのです。悲劇は私が弾くのを止めた時でした。私は即座に息苦しくなってしまいました。

呼吸について私がしばしば感じたもうひとつの現象があります。何かとても強いものを弾かねばならぬ時、まず息を吸い込んでから、その息を吐くときに弾き始めます。もし、難しく骨の折れるパッセージの最中に息を吸ったとしたら、間違いなく苦労するでしょう。このことが、どの作品においても、たとえそれが強迫から始まる曲やフレーズであっても「必ずアウフタクトがある」という事実に帰結するのでしょう！

■手は鍵盤を「つかむ」

私は技術面においては、ピアノ技術の最大の理論家アッティリオ・ブルニョーリの考えを基にしています（誇りに思うのですが、ブルニョーリもイタリア人であることを私は強調しましょう！）。彼は一九一五年に「ピアノのディナーミク」という論文を書きました。これは、芸術的でピアニスティックな演奏のすべてにわたって微細に言及していると思います。ブルニョーリにとって、手の初めての本能は「つかむ」ことであり、指は鍵盤を下ろすのではなく指が鍵盤をつかむのです。

ですから、ピアノを弾くというのは一種の「把握」の実行です。これはまったくその通りであり、生理学的秩序の純粋な真理に一致する、人間の腕のような梃子《てこ》の仕組みです——私達の身体には肩、肘、手首、異なる指など幾つもの梃子《てこ》があります――もし、この「把握」行為をすることによって、指先からエネルギーを発散してしまっていたら、他の部分で緊張することができません。物理的に不可能です。ひとつの梃子の中に二つの力点は存在し得ないからです。例えば、肩に力が入っているピアニストは指の辺りが固定しておらず、しっかりしていません。"引きつける"というタッチの動きを十分に発展させなかったために、指がしっかりしないのです。

この「把握」の能力は自然なものです。赤ちゃんを見ていると、彼らはいつでも何かをつかもうとしていますし、死ぬ間際、人は手を広げて魂を返します。ですから私は、何時間も疲れを知らずに弾ける自然なピアノのテクニックは、「鍵盤をつかむ」ことから成り立っていると思います。

■レガート

ピアノは真実のレガート(滑らかに演奏すること)を提供しない楽器ですから、レガートには本質的な把握力が要求されます。まだ前の鍵盤を弾いている間に次の鍵盤を押す、という真に計算された身振りと鍵盤の把握から生まれたものが、私達に滑らかさを提供してくれるのです。

しかし、はっきりと申しましょう。ピアノは当初から打楽器でした。弦と声のどちらもが持っているものが不足しています。というのは、ドとド♯の間に存在する極小の微細な音程が無いので、ピアノでは人間の声や弦楽器を真似てレガートの〝錯覚〟を創ることしかできません。この錯覚をつくるには駆け引きにすがるしかないのです。たとえばメロディの中で大きく広がった音程を弾くのは難しいものです。楽器に音程と音程の間を埋めるすべての音が存在しないのですから。そのとき、この「レガート」を本物の表現にするためには、他のシステムを使わなくてはなりません。隣り合わせの繋《つな》がった音で構成されるメロディは糸を紡ぐような旋律ですが、もしもっと幅広い音程であれば、ごく僅かな遅れを伴って聴こえてこなくてはなりません。ですから七度を弾くためには、短二度の音程の時よりも微妙な遅れを取る必要があり、これがフレーズをつくる基礎を成します。

私は作曲の必修科目として、オルガンを三年間学びました。このことはたいへん役に立ちました。この楽器には共鳴ペダルがないため、レガートで弾くためには指の置き換えをしなければなりません。この"指の置き換え"をする＝同じ鍵盤に二本の指を順繰りに使ってレガートを得ることに私は夢中になり、後にこのテクニックをピアノに使いました。置き換えは、私達が使える"トリック"のひとつで、大きな音程を含むフレーズをレガートに弾く手助けをしてくれます。大きな手を持っていない私は、置き換えによって少しばかり手に余裕を得るのです。

■触覚

ピアノを弾く小さな子供に布を触らせ、それが滑らかなのか、ざらざらしているのか、あるいは他の素材なのかを考えさせることは有効だと思います。これによって、ピアニストに必要な、かくも大切な触覚を発育させるでしょうから。

私達が触覚について語る時、当然ながら、たいへん個人的で固有な領域に入ってきます。私は、演奏の際にピアノとの接触を嫌悪している印象を与えるピアニスト達を見ました。ピアノを弾くことは、鍵盤を愛撫し、捏《こ》ねることであり、それはピアノを触ることが好きである、ということです。ところが、弾いているときに楽器を触るのをひどく嫌がっているような感じを与えるピアニストもいます。

人と人の間にだけ優しさの概念が存在するのではありません。鍵盤にも優しく好意的であることができます。ピアノの鍵盤との接触は、いわば人間同士の親密な関係を、冷たい楽器の上にすっかり置き換えたものであるべきです。

もっと言えば、音楽は芸術の理想に奉仕する愛の営み――当然昇華された次元での意味でのセクシーな行為――だと私は思います。もしそうでなければ、ピアノを弾くことは単なるスポーツになってしまいます。

■強圧訓練

ある時期、よく行った訓練を思い出します。それはブランシュ・セルヴァ※が推奨していた、中手骨（手の第一関節）を強くする訓練です。それは手を非常に硬くした状態で音を出すもので、鍵盤を弾いている指一本をまっすぐ垂直に保ったまま、

※ ブランシュ・セルヴァ Blanch Selva（一八八四―一九四二）フランスの女流ピアニスト

弾いていないほかの指四本を前方と上方にピンと押しやるようにします。弾く指をこのようにして、順繰りに一本一本移してゆきます。彼女はこの練習のことをその流儀の中で話しており、もしこのようにして十分間も訓練すれば、しっかりした指の腹と、よく動く手指を得たような気になるでしょう。これは指を生き生きとさせる素晴らしい練習法です。

■楽譜の尊重

私は作曲家の指示を尊重し、書かれた音符の正確さや音符の長さに妥協しません。作曲家がひとつのクレッシェンドを指示していれば、当たり前のこととしてそれに従うのが義務だと思います。楽譜に厳密に従うことが冷たく、無表情で没個性的だという危険に晒《さら》されるとは思いません。なぜなら大事なことは作曲家が書いたことを適用する方法なのですから。

たとえば十人のピアニストを選んで、彼らに作曲家が指示したすべての細部（命令！ 全ての細部です！）に注意して同じ曲を弾くようにと強いても、私達は十通りの異なった演奏解釈を得るでしょう。各々に、各々の異なる気質が存在し、血液の循環も、心臓鼓動のリズムも皆違うからです。ですから「楽譜を尊重する」ことが私達個々の自発性を脅かす危険をはらんでいるとは全く思いません。

ソルフェージュの効用と乱用に関しては、私は少々反対します(既に私が生徒だった時代からのケースですが!)。そのかわり、初見視奏※に絶対的重要性を与えます。鍵盤上での読譜力は最も重要であり、ピアニストは凡《およ》そどんな音楽でも十分にたやすく読めなければなりません。

ソルフェージュは、しばしば算数をやっており、めったに本当のリズム(スウィング)をしていません。ところが音楽は算数を除いた「すべて」なのです。私はソルフェージュで非常に優秀な生徒が、まったく驚くほどリズム感を持っていないケースに出会いました。それはあまりにも四角張っていたし、短い音符の価値は曖昧でした。忘れてはならないのは、リズムは音程の機能の中にあり、前述したように、これはその音程の大きさに従って弾かれなければならないということです。二度音程の十六分音符を弾くのと、十度の開きがある音程を弾くのが同じやり方では弾けません! ピアノではフレーズを表現するとき、残念ながら二つの方

※ 初めて見た楽譜を直ちに弾くこと

法しかありません。「音符の長さ」と「音程」です。すべてがここで終わりとは言いませんが、そこに留意することが大きな前進への一歩なのです。

■ペダル

ペダルの踏み方は、たいへん主観的なものだと思います。ある人はペダルを多く使用していても信じられないような明瞭さを与える印象を受けますし、一方では、ごく僅かなペダルを使っているにも拘らず何かが上手く行っていない印象を与えます。

ペダルを教えることは難しいことです。そのうえ、様式の問題を考慮に入れなければなりません。たとえばモーツァルトの作品では、和声の大きな変化があるところで、私達は分別を持ってペダルを使う傾向があります。しかしベートーヴェンの場合には、有名なソナタ作品三一の二のレチタティーヴォでのように、ベートーヴェンが非常に長いペダルを提案しています。このパッセージはいつも私に大聖堂の音響を思い起こさせます。思うにベートーヴェンは超自然の声を想起させたかったのでしょう、多分響きの多い、広い空間で喋る女神の声です。このようなパッセージでは、私はペダルをそのままずっと残します。もしそれが上手く響かなければ、それはピアニストの責任でしょう。規模はより小さいですが、この効果は《ワルトシュタイン》ソナタの第三楽章にも見られます。主調と属調の意図的な混合があり、それによってフレーズに並外れた強い明るさをもたらすのです。

■暗譜は教えられない

私は生徒に暗譜のことは指示しません。一週間でショパンのバラード第一番を暗譜で学んでくるようにと、ナポリの音楽院では誰も私に言いませんでした。私の見解ですが、暗譜はゆっくりとした同化現象であり、目立ったものではありません。自分の弾いていることが少しずつ私達の中に入って来なくてはなりません。勉強している時には、いつも楽譜を眼前に置いておくことが肝心です。それから、ある期間を経て、ごく自然に、楽譜よりも自分の手を見始めるのです。

私にとっては、ジェスチャーの記憶の方が、視覚的、聴覚的記憶よりもずっと大切です。自分が見たり、聞いたりすることより、自分の身体の動きの記憶の方を覚えています。作品を演奏する際の動きを肉体的に固定することは、私の仕事の割合の重要な部分を占めています。

有名な盲目のジャズ・ピアニスト、アート・テイタムがどのようにしてピアノを弾いていたかを想い出します。ニューヨークに旅した時、あるクラブで彼が弾くことを知り、あまりに彼に魅了されてしまった私は、七晩続けて彼が弾くのを見に行きました。彼は盲目で生まれ、ピアノを一度も見たことがありませんでしたが、信じられないほどの最小限の動きで、一音たりとも外しませんでした。そして凄いアクロバットをやり遂げていたので、私は彼が一体どうやっているのか自問しました。ついに私は判ったのです。彼は注意力そのものなのでした。私達目開《めあ》きは、視覚があることによって注意力が散漫になっているのですが、彼は見えないからこそ集中を高め、正確な動きの記憶を獲得していたのです。これは奇跡的なことで、私のピアノ技術の成熟にたいへん役立ちました。

■音楽院での教育

私は音楽学校によって、少々音楽は傷つけられたと思います。そこでは立て続けにレッスンが行われ、教授達は探究や交流の場もほとんど持てない状況で過重労働しています。

私の教育法の理想は、ブゾーニがワイマールでやっていたように、四〜五人の生徒が大きな兵舎のような空間に私と一緒に住むことです。ナポリ音楽院時代の私の先生、パオロ・デンツァはブゾーニと勉強し、ブゾーニがどのように勉強の場を決めていたかを私に話してくれました。ブゾーニは言います。「今夜十一時半に居間に集まりなさい」。そしてこの遅い時間に彼はレッスンを始め、それは朝二時まで続くことさえありました。翌日、また彼は生徒達を好きなように、違った時間に誘っていました。

私達は要請に応じて、決められた日や時間に教えられるわけではありません。教師も生徒も自由に使える時間というものがあって、それは日によって変わります。各人の時間を尊重するべきであり、お互いにその時間をつくれば良いのです。

このような教育方法は、過去の絵画学校でのやり方とあまりかけ離れていません。絵の学校では、弟子は筆を洗うことから始め、長い期間、他のアーティスト達を見ながら忍耐強く彼らのテクニックを吸収し、やっと初めて弟子は自分自身で描くことを始めることができるのでした。

■私を「アルド」と呼びなさい

私は生徒達から非常に多くを学びました。これは主として人の演奏を見ていて、多くを学べる、という事実によります。演奏して居る時、私達はある程度まで自分の身動きをコントロールすることができますが、でも自分のしていることに対する全体の展望がありません。一方それに反して、生徒の演奏を聞いている時は、良し悪しの部分が即座にわかります。

私は生徒に私のことを「先生」と呼ぶことを禁じました。「アルド」と呼んで、君呼ばわりさせました。才能のある生徒はしばしば自分自身で答えを見つけるので、先生の役目は非常に限られます。本当に正直な先生であれば、自分よりずっと才能ある生徒にいつか出会うことだってあることを知っている筈です。ですから教育者として謙虚でいることを学ぶべきです。教育で私を夢中にさせるのは、時間と共に生徒と本当の会話で結ばれ得ることです。こうして先生も生徒も互いに多くをもたらすのです。謙虚さが相互性を可能にします。

しかし、実際には「先生」とは何でしょうか？ 私にとっては、それはたとえば、外科医です。心臓手術をして、私の命を救ってくれた人のことを考える時（私は一九八四年に三つの心臓バイパス手術を受けました）、この男性は真実の先生だと思うのです。彼が私をひどく驚かせた言葉があります。手術後、様子を見にやってきた彼に、私はこう打ち明けました。

「貴方には感嘆しています。貴方は文字通り人を切開して、開けてくださるのですから！」

彼はさらりと答えました。

「私にとって、外科は素晴らしい学問です。貴方にして差し上げたように、ある人の身体を切り開いてゆく時、それは私にとって、まるで寺院に入っていくようなものなのです。」

彼は、人の身体をあたかも神聖な囲いのように考えていたのでした！　これこそ、私の言うところの「先生」です。謙虚ぶっているのではなく、私はいまだかつて自分のことを、このような人間（先生）であると思ったことが一度もありません。私は、音楽を探す人たち皆との交流と出会いを好む、一音楽家です。その人達はすぐ私の友人となるのです。何の興味も好奇心も見せない人にとっては……残念ながら私は何者でもありません。

第4章　芸術作品は神秘そのもの

演奏家という私の仕事において音楽作品とはどんなものであるか、その構成、一貫性、そしてその謎について、私はたくさん探究しました。なぜなら芸術作品の原点が何であるか、私達は未だにわかっていないからです。たとえば作曲家自身の不幸な愛の物語、個人的な劇的事件や幸福、想像し得る限りの全てのことなど、作曲家の伝記の中に様々な要因を見出すこともできます。しかし、ひとつの疑問がいつも未解決のまま残ります。芸術作品に誕生を与える鍵は何なのでしょうか?

もちろん、音楽家（作曲家）の力量に多くを頼ります。ですが、曲を生ませた初めの霊感は一体どこからきたのでしょうか? それはまるで太古の昔、ビッグ・バンの以前から、ベートーヴェンの交響曲第九番（他の名曲でもそうです）が既にこの世に存在していたかのような思いを私達に与え、その霊感が作品を覆い隠していた布を一瞬にして引き裂き、私達の面前に忽然と作品全体の全容を提示するようなものです。全ては既に存在しており、我々はただそれを発見するに過ぎない、ということです。

私の考えでは、音楽に内在する真実とはたったひとつではなく限りない数の演奏解釈が存在しており、もし音楽にたったひとつだけの演奏解釈の可能性を与えてしまえば、それは音楽それ自体を非常に狭く限ってしまうことになります。おまけに、時代の認識を考慮に入れなくてはなりません。我々の先人は、今日我々の持つ真理とはまたそれぞれ違う真理を持っていましたし、未来の人達が持つであろう真理も現在のものとは異なるに違いありません。たとえば、過去の非常に有名なピアニスト達の演奏の中には聴いていて非常に魅惑的なものがありますが、それを性格づけているのは自伝的な形を取る表現でした。楽譜というテキストが、いわば演奏家の自己《エゴ》と融合しているのに違いないのです。この傾向は現代では影をひそめていますが、もしかしたら将来再び戻ってくるかも知れませんし、あるいはまた異なった様子を呈するかも知れません。何しろ音楽には無数の真実が存在するのですから。

■黄金数

音楽の神秘にはきっと、レオナルド・ダ・ヴィンチが「黄金分割※」と呼び、「神の比率」と呼ばれるものがあるのでしょう。ある時期私はそれに非常に興味を持ち、イタリアで私の生徒数人と、バッハ『平均律クラヴィーア曲集』の前奏曲とフーガを分析しました。その結果、我々は驚くべき結果に達したのです。非常にしばしば、前奏曲とフーガの重心は曲のちょうど三分の一が始まった箇所に位置していました。「月光」と呼ばれるベートーヴェンの有名なピアノソナタ作品二七の二、第三楽章アレグロでは、再現部が始まる直前の三つの全音符に位置していますし、バルトークの「オーケストラのための協奏曲」では、長い休止符がある小節に黄金数が在ります。

黄金数がいつの時代に使い始められたのか、誰がその発明者なのかと自問する時、それは大昔から自然の中に芸術と等しく存在していた、ということを発見し、そのことに対して大きな魅力を感じます。

※　黄金数（＝1.618…）は、ギリシャ文字のφに示される。二本の同等の長さを割った結果の算数の関係を示す。レオナルド・ダ・ヴィンチがこの比率を「黄金分割」（sectie aurea）と名付けたため、黄金数と呼ばれるようになった。これは人間、動物、植物など生きた組織から測定することができる古代からの比率の事項で、神秘的な手本として考えられ、黄金数はギリシャ神殿の正面や大ピラミッドの中心、ゴシック教会の建築に、絵画の傑作、音楽や詩の傑作に存在する。アーティストによって意識的、無意識的に使われ、芸術作品に不可欠である特殊な美を吹き込む「暗号」としての価値をよく持っている。音楽での「黄金分割」は、とりわけソナタ形式の中でしばしば展開部の終わり、再現部の始まる直前に見出され、そこに音楽的重力がある。

■基礎となる拍動

指揮者のもとで演奏するオーケストラのテンポを聴いていると、一貫性を保持していて、ピアノ演奏のものとは必ずしも同じでないことに気がつきます。それはおそらく私達が一人で弾いている、という事実に帰するのでしょう。しかし、たとえもし芸術家が自分の思い通りにできると信じ、したい放題にしたとしても、オーケストラと同じテンポの一貫性を尊重することが不可欠だと私は思います。

良く知られていることですが、たとえばツェルニーはベートーヴェンの演奏について、よくテンポを変化していた、と述べていますが、私はツェルニーが言及したのはテンポではなく脈拍、鼓動について述べたのだと思います。

音楽は心臓の鼓動のように動き、私達の脈拍は決して完全には規則的ではありません。もし平均七十二で打つとしても（理想的ですが）、それでも遅くなったり速くなったりして、ごく僅かな速度の変化を伴っています。音楽でも同じで、この波動、流動は本物の脈動の秘密を構成しているのだと思います。

ですから、このことから私はメトロノームを使うことが非音楽的だと思うわけです。第一、メトロノームの指示というのは大抵の場合、もしそれが作曲家によるものであったとしても間違っています。その理由はこうです。作曲家が自分の作品を出版する時、メトロノーム上のテンポをゲラ刷り上に指示して、出版社に送らねばなりません。しかし、作曲家は何ヶ月もの間その作品を勉強してからでないとメトロノームのテンポに相対的な確信を持つことができない、と私は考えるのです。たとえば次のような非常識な速度の例を挙げて説明しましょう。ラヴェルの「トッカータ」では♩= 144とありますが、これでは全く速すぎで、作曲家自身の録音を聴いてもラヴェルがたいへん遅く弾いていることがわかります。同じようにベートーヴェン作品一〇六の中でも♩= 138とありますが、こんな速さでは弾けません……。一人だけやってみた人がいましたが、残念ながらたいへんな不測の事態に陥りました。シュナーベルです。作品一〇六のはじめが♩= 138だなんて、とても維持できるものではありません！

　ひとつの音楽作品には、それが自然に響く、いくつかの基本的なテンポがあると思います。バックハウス氏にシュナーベル氏と同じテンポを適用するように頼むことはできません。一人がより速く、一人がより遅く弾こうと、二人とも正しくあり得るのです。それに速さの認識は、いつもテンポに縛られているとは限りません。音楽ではたくさんの要素が主観的ですから、そこでも絶対的な真実は存在しないのです。

「ルバート」の語源を考えると、イタリア語でそれは「盗まれた」を意味します。要するに我々ピアニストは「クレプトマン＝盗み癖のある者」なのです。たとえば、あるパッセージを、もし1から30まで速くしたら、あとでそれを基本的な速度に戻すため、30から1まで落とさなくてはなりません。我々は万引きをせずにはいられない人間と似ています。万引きした後その人は罪悪感に襲われ、終《しま》いには、くすねた物を元《もと》に戻してしまいます！ 個人的には、ルバートという言葉を「クレプトマニ（盗癖のある）」という言葉に、率先して交換したいものです。

ピエール・フレネやマリ・マルケのような俳優の朗誦を聞いていた時、私は人に知られぬよう、指で拍子を打って楽しんでいましたが、それが規則的なテンポであることを発見しました。彼らの朗誦がいくら自由で流動的であっても、それはいつも見えない規則的な拍子を尊重していたのです。

音楽は演説ですので、音楽でも同じことが言えます。それは、他の声部を落として、ひとつの単語上のある音節にアクセントを置き、感情を表現する言葉です。このことは、どの作曲家も楽譜に記入することができません。彼らは音と音の間に起こることしか書けないのです。演奏家のすべての技は、それを発見することから成り立っています。

■大演奏家たち

演奏の分野において、私の大切なお手本はカルロス・クライバーです。彼は指揮者であり、無限のお手本となる人で、我々が自分の演奏を正当だてるためによく使いすぎる「様式概念」というものが彼の場合にはある意味で、もはや存在しません。彼がベートーヴェンを指揮した時、私達は「あぁ、なんと！　彼はベートーヴェンのスタイルを理解したんだ！」と心のうちで思うでしょうか？　違います！　彼はベートーヴェンの作品の心臓に飛び込み、一時代の流行などとはおよそ無関係の、この作曲家の世界を理解する方法を、突如として私達に閃《ひらめ》かせるのです。それは書かれたテキスト＝楽譜全体の総合的な理解であり、並外れた結果を与えます。彼がベートーヴェンの交響曲第六番を指揮すると、いつも私達が聞き慣れているのとは全く違ったものになります。『田園』は遂に、真の交響的『田園』となるのです。クライバーは同様に、たくさんの異なった性格の作品を、どれも素晴らしいやり方で指揮しました。ですから真の天才の存在を彼に感じるのです！

ピアノでこれと同じ閃《ひらめ》きの、強烈な印象を受けたのは、グレン・グールド演奏のゴールドベルグ変奏曲、それも彼の最初の録音です。後になって彼が考えを変え、「モーツァルトは死ぬのが遅すぎた」などと言ったことには私は賛成しませんが、しかし、この変奏曲の最初の録音は、音楽解釈のひとつの試金石として残ります。

ほかに、このような正当な印象を与えられたのは、クリスチャン・ツィメルマンの演奏するショパンのバラード四曲、そしてアルフレッド・コルトーの演奏です。コルトーの演奏には〝これこそがまさしく、そうなのだ〟という印象を受けました。

彼は演奏に非常な自己投入をしているので、ショパンが〝彼自身のもの〟となっています。今日では、このような演奏に出会うのは極めて珍しいことで、そのことを至極残念に思うのも当然ですが、幸運なことに、いくつかのレコードが私達に彼の音の記録を残してくれています。

ショパンは演奏が最も難しい作曲家のひとりです。なぜなら、その作品の優雅さやピアニスティックな見かけに騙されてしまうからです。また、彼の稀有な音楽的本質を忘れて、その病弱がちな局面を聴かせようとする欲求に負けてしまうことだってあり得ます。そうすると、ショパンを本当に表現することより、優雅に弾くということだけにしばしば気を取られてしまうのです。本当にショパンが私達に訴えたかったのは何なのか、知ろうと努力をした人はとても少ない、と私は思います。ショパンは内密、親密なピアノであり、「告白」のピアノなのです。

私はアルトゥーロ・ミケランジェリが、演奏解釈の真実の探求に偉大な貢献をもたらしたことを忘れられません。ドビュッシーの『前奏曲集』での彼の演奏は、音の塊のコントロールや印象派の見地に関して、ひとつのお手本であり、ミケランジェリが音の世界で成し遂げた仕事は前例がありません。彼の指の下で演奏されたショパンのスケルツォ第二番、ラヴェルやブラームスの作品は素晴らしい色彩を帯びています。

■現代音楽

私が申し上げるまでもなく皆さんご存知なことですが、ドデカフォニズム※＝十二音音楽が、ひとつの西欧現代音楽の第一石を投じました。幸運なことに東欧、スカンジナヴィア、あるいはアメリカなどでは、現代音楽は別の方向に進みました。十二音音階は、十九世紀の終わりに調性システムの複雑化から誕生しました。それは不幸なことに、調性システムとは反対に、すっかり閉塞されたシステム上に築かれていたので、自己の死滅をそれ自体に内蔵していました。調性はその発展上に十二音音階にまで到達しましたが、十二音音階からは調性に戻ることを許しません。そのうえ第一、創造者のアーノルド・シェーンベルグ自身、その人生の終焉には十二音音階を捨て、調性（音楽）に戻ったのです。

※ ドデカフォニー（十二音音楽）：一オクターヴ内のすべての音、つまり十二の音を同等に扱い、これを並べた音列（セリー）を基本として作曲された音楽。理論化された無調音楽として一九二〇年代前半にシェーンベルグによって確立され、ウェーベルン、ベルグらに引き継がれて現代音楽の大きな要素となった。彼らを総称して「新ウィーン楽派」とも呼ぶ。

結局、現代音楽の念入りな仕上げの結果は全く非人間的なものであり、しばしば名無しの権兵衛の語法探求の上に成り立ったものです。私にとっては現代音楽はゼロであり、意味をなさない、なんの道でもありません。それは空間の中の穴であり、もはや人間性には関わりない、専ら頭脳的な思弁です。しかしながらメシアンとデュティユーは例外です。

私は、現代音楽よりシャンゼリゼ通りを正午に通る車の雑音の方を千倍も好みます。なぜなら、少なくともこの不協和音は人間活動の発散であり、何か真実なものを含んでいるからです。現代音楽はもはや「人」に呼びかけるものではありません。そもそもこの音楽が、たちまちにして古びてしまったのを認めて、私は驚いているところです。

私は永遠に調性システムに愛着を持っています。というのも、それは序列化されたシステムで、その規則は自然によって指示されているからです。単音の一弦を発明したピタゴラスは、一本の弦の真ん中を押さえることでオクターヴを、その四分の一の点を押さえると四度を、五分の一の点を押さえると五度が鳴ることをはっきりさせ、こうして異なった音程を獲得し得ることを明確にさせた第一人者でした。これは自然の音響法則で、私達の耳は、この自然の振動現象に反応されるように創られています。調性は長い間役に立ってきましたが、今後もまたずっと世界中で役立つでしょう。だからと言ってそれは作曲家達に彼らの個性の表現の妨げをしたことは一度もありませんでした。モーツァルトの法則は、ベートーヴェンやドビュッシーのものと同じであり、自分自身の語法を発展させて各々のメッセージを伝えました。今日、現代音楽はそれぞれ違ったシステムの法則の共存に過ぎません。しかし、そのメッセージは一体どこにあるのでしょうか?

■音楽や芸術の将来は?

孤独や静寂は私にとって何よりも必要です。しかし私達は音に満ち溢れた世界に生き、絶え間なく仕事に邪魔が入ったり、メディアの闖入《ちんにゅう》や他の方法での意志疎通介入が毎日を侵略しており、私達個人の空間を守ることがますます難しくなっています。私はその空間を獲得できていますが、なんという驚くべき努力との引き換えに得たものでしょうか。

　すべてが競争の物質主義者の時代で、産業と経済が王であり、専門分野で科学がどんどん先進する時代です。人間進歩の源となるのであれば、私は物質主義に反対はしません。しかしながら私は人類の一番凡庸な一時代を生きているような気がします。「珍奇な小さなアイデア商品の物質主義時代」です。携帯電話、コンピューター、人の心を紛らさせる為に、ありとあらゆる種類の玩具を作り出します。彼らは走り続け、忙しそうに四六時中音楽を「聞き」、情報中毒にかかり、文化を消費します。人々はより自由であると思っていますが、実際はこれら全て小さな進歩の完全な奴隷になっています。若い頃、私達はもっと自由でしたが、今、人々は威厳のかけらもなく滅茶苦茶をしている、とある知識分野では評していま す。時間が無い……と言って、他との交流もしない無知な世界に、現代の私達は生きているのです。

　すべてがとてつもなく速すぎます。どうしてそんなに走るのでしょう？ きっとこれが死に挑む現代のやり方なのでしょうか？ それでも確実に、私達の現代世界にも残るひとつの真実があります。それは、我々は皆、死にゆくという真実です。だから、ゆっくり時間をかけて進んだ方が良いのです。何故なら、速く進むことによって我々は何もせず、何も理解せずに非常に貧しい終焉に至ってしまうのですから。

この状況では芸術に費やす余地はありません。おそらくまだ、アーティストは居ることでしょう……しかしそこに芸術はもはや存在しません。私は音楽の未来について極めて悲観的です。もうずいぶん久しく芸術は攻撃されているのですから。

きっとこの過程は、演奏家が作曲家から少しずつ乖離《かいり》してきたロマン派時代から始まったのでしょう。今現在では、音楽よりアーティストの方が重要視されるのです。それを確認するには、演奏家の名前の方が作曲家の名前より優位な位置を占めているポスターやレコードのジャケットを見るだけで十分です。アーティストを巡るこの種の「誇大視」を、私は無用だと思います。すべての芸術行為は、その一部が神秘のヴェールに隠されているべきですし、自分のことを始終、公衆の面前で話しているアーティストを賞讃することはできません。

音楽それ自体については、随分とアウトサイダー化されてしまいました。我々の社会で厄介者扱いにされた、とさえ思うのです。音楽は私達に美を追い求めさせる深い価値をその中に有し（それがひとつでも在れば！の話ですが）、ある真理を探究させます。しかし今日、関心はまったく違うところにあります。人は特に偉業、肉体的器用さ、権力、金銭に興味を持っており、それらすべてを競争に変えています。アーティスト達はこの状況を切り抜けてゆくために最大限マスメディアに載る手立てを探すしかなく、才能に関するすべてのことは、もう重要ではないように思われます。ですから私達は多かれ少なかれ似通った演奏を聞かされてしまうのです。演奏の画一化です。達者に弾く人達がいます（鍵盤の上に間違いなく指を落として弾くのがどれだけ難しいことかはよくわかっていますが！）。しかし、それだけで終わっているように見えるのです。音楽家はコントロールし過ぎなのです。まるで自分達自身の芸術的表現力を警戒するかのように、ひどく俗物的で思想健全な音楽をしながら、公衆の前できちんと振る舞い、ショックを与えないように、とあたかも人から頼まれでもいるかのようです。

そもそも私達は、もはや音楽会には行かず、美術館に行きます。ルーヴル[※]に一幅の絵画を見に行くので、ついでに私達は過去の音楽の一曲をそこで聴きに行く

※ ルーヴル美術館内に音楽会場があり、絵を見に行ったついでにコンサートを聴く、というスタイルを指す。

のです。ドビュッシーの『ペレアスとメリザンド』の時代、それがスキャンダルを引き起こし、音楽を動かし、影響を与えた……そんな時代はもうとっくの昔に過ぎ去りました。

「ノン」と、繰り返し言いましょう。私はまったく楽天家ではありません。芸術と文化が、ある日完全に消滅するという考えに至るまでには、私の考えですが、ほんの一歩を乗り越えるだけ……少なくとも西欧においては。それは西欧世界の終わりを告げる弔鐘を鳴らすことを意味します、というのも西欧世界は文化によってのみ支えられているからです。文化の無い文明は、将来が無い文明です。

第5章 私はリリコ・スピント

■演奏は音楽作品に意義を与えること

楽譜は本と同じです。私は演奏家としてあらゆる的確さを持って、一般の人々にその意義を伝えようとします。音楽的フレーズから成り立つ楽譜は、感情や感覚、印象を表現し、人間の言語とのたったひとつの違いは、言葉を使うのではなく、むしろ概念を象徴化した記号（符号）を使っていることです。

中国語が、組み合わされた音節を使うのではなく、漢字という表意文字を使うように、音楽書法はある意味でアジア言語に比較できます。私にとって音楽は、表意的な語法です。譜面を読みながら筆舌尽くし難い明確な感覚や印象を私の中に感じつつ、次第に明らかになるひとつのメッセージとして音楽を認識しています。たとえば、音楽はブラジル語の「saudade※（サウダージ）」と言う言葉をよく表

※ Saudade この言葉の最高に美しい定義のひとつと

現できます。しかし、これをフランス語に訳すことはできません。音楽はまた、字で書かれたものが再現することのできない澱《よど》みや停止、休止の感覚を表現することもできるのです。

ある作品は、こうしてひとつの雰囲気や「温度」を表すことに気がつきました。とりわけドビュッシーにおいて、それは顕著です。「牧神の午後への前奏曲」を聴くと、私は信じられないようなひどい暑さに侵される、鮮明な感覚に襲われますし、その反対に「雪の上の足跡」は、私に身震いを必ず起こさせます。また、ワーグナーの音楽は北欧の冬の厳しさを非常によく描写しています。

同様に、音楽は一日のうちの特定の時間を想起させることができます。ショパンは、ただの思いつきで「ノクターン（夜想曲）」と名付けたのではありません。私は夜にノクターンを弾くのがたいへん好きですし、また、シューマンの作品一三三「夜明けの歌」ほど一日を始めるのに勝るものはありません……。

音楽的語句（フレーズ）の意味を探すことは、しばしばどんな言語よりも複雑です。というのは、二つの音符だけでも音楽の世界ではたくさんの感覚を意味することができるわけで、同じフレーズを他の演奏家が初見視奏したらば、また違っ

して、ブラジル人作家のホアキン・ナブコに依るものがあげられる。全てのなかで、最も感動的な言葉はポルトガル語のsaudade（発音はサウダッドゥ）に違いない。これは不在の愛惜、別離の悲しみ、親しい人や愛用品の喪失を意味する。墓碑に彫り入れる言葉であり、両親や友人たちに送るメッセージ。亡命者の故郷を想う哀愁、水兵は家族への思い、離れるや否や互いに感じる恋人達の思い。家庭に、本に、友人に、子供時代に、生きてきた日々に対してsaudadeがある。（つれづれなる考えと想い出　Ⅲ、パリ。アシェット版。1906年、カロリーナ・ナブコ訳）。Saudadeは音楽のジャンルでもあり、場所や人への憂愁を表します。ダリウス・ミヨーは一九二一年に、リオ・デ・ジャネイロの各地についてピアノのために一連の曲を作曲し、ブラジルのSaudadeと題している。

た世界を私達に発見させることだってあり得るのですから。

ですから私はひとつの作品に取り掛かる時、自分にその音楽語法をしみこませるために、いつも全体の譜読みを行います。あとで何をそこに植えるのか知るために、その庭の広さを知ることが必要不可欠だからです。読譜が終わったら、すぐに私はピアノに向かいます。その時私は四小節、八小節といつも小さな区分で勉強し、それが一体何と類似しているかなどと想像しないで、何回も数多く弾きます。やりたいことを知る前に、私は十分時間を費やすのです。

私はよく自分にこう言いながら、ひとつの作品をその速度《テンポ》で勉強します。「はじめの演奏解釈を、このすべてから浮かび出させよう」。たとえばソナタでは第一主題を勉強し、それから第二主題を取り上げますが、一体どこまでその二つは対峙できるのか発見する目的で勉強します。それから移行部、展開部を弾きます。もしあったなら、伴奏の中に主題の欠片《かけら》か、あるいは他のイデーがあるかを探します。ひとつのセクションを成熟度に達するまでゆっくりと時間をかけて勉強することが、より好ましく思われます。その時点になってようやく続けて先に進みます。

そして、ある時点からすべての部分を一緒にまとめて弾いてみようと決心するのですが、大体の場合、初めから終わりまで続けて弾いても、厳密にはまだ、それは何の意味も成しません！　ですから、再び新しい一貫性を引き出すために何回も数多く弾く必要が出てくるのです。要するに、私の仕事は主として〝意味を探し出す勉強〟なのです。

■長い浸透の勉強

私は初めて弾く曲も、既に前から知っている曲も、二年前から勉強を始めます。どうしてかというと、私は弾くたびごとに異なった見方で作品を見るからで、旧知の曲であっても以前とは違って感じるので、勉強をゼロから始めなくてはならないのです。これに付け加えて言いますと、その間に私は年を取り、当然のことながら、三十年、四十年前に弾いた私のやり方は、今日の私には現代性が無いように思われます。自分の年齢と共に演奏しなければなりません。

昔に弾かれた作品は、指の中に残っている鍵盤上の距離の記憶しか残っていません。私は、音楽のテキストの記憶については非常に慎重です。というのもフランクの作品のひとつで、三十七年後になって見つけた楽譜の読み違いに気がついたという経験があるからです。なんとも自分のことをあまり誇らしく思えなかったことでした！

音楽傑作は永遠に新しい読み方ができるので、いつも再検討しなくてはなりません。ですから、それが私にとって知らぬ曲でもよく知った曲であっても、私はいつも新しい目で作品に近づきます。

私はひとつの作品の準備に多くの時間をかけます。初見視奏に何の問題もない私ですが、いつも譜読みがまるで下手であるかのように勉強しました。全てを言うならば、容易さを信用しないのです。それはいつの日かきっと私達をあざむいてしまう能力ですから。もちろん、若い時には、曲を記録的な速さで勉強したこともありましたが、それは稀な機会でした。思い出すのは、例えばショスタコーヴィッチの協奏曲第一番を一ヵ月半で勉強したことです。ベートーヴェンの協奏曲では絶対やらなかったことでしょう。フランスでも外国でも、音楽学校の生徒達は課題曲を非常に短時間で習得していますが、私は理解しかねます。それは彼らが安直さに頼っていることが理由だからです。そもそも「一週間で何かを学べるよ」と鼻にかける人達について、私は全く感心しません。私からすると、音楽家の肝心の長所は、ひとつの作品を正しく弾くことで苦労することです！　速く学ぶというのは長所ではありません。

■暗譜で弾く

私はいつも暗譜で弾きます。たとえそれが困難を伴ったり、たくさん勉強せねばならなかったりしても。たとえばローマで三回弾いたシェーンベルグの協奏曲を記憶するのに出くわした問題を思い出します。一年でそれを弾くように、と頼まれたのですが、私は三年を要求しました。演奏会企画者に言いました。

「聞いてください。もし、それを弾くのが私でないと駄目だと仰るのでしたら三年ください。一年ではやりませんよ！」

「最近あるピアニストが楽譜を前に置いて弾いたのだから……」と音楽会企画者側の人が私を説得しようとしたのですが、私は拒絶しました。私は二年余計にかかっても、暗譜で弾く方を好んだのでした。

暗譜で弾くことは私にとって、音楽に集中するために絶対に必要なことで、たとえ目前の楽譜が私が弾くべき音楽を再生しているとしても、それはやはり紙に過ぎず、既に集中を妨げるものであり、表現から私を遠ざけてしまいます。想像もしてみてください、「在るべきか、在らざるべきか?」と台本を読んでいる一人のショッキングなハムレットを!

暗記をしている俳優ならば、長台詞《ながぜりふ》を思いどおりに演じることができますが、もし台本の向こうで、彼がテキストを読むことに集中し、こわばってしまっていたら彼は自由にはなれません。音楽家で言えば、楽譜を見ながらの室内楽演奏に相当しますが、朗読会で役者が詩を読むことについては容認できても、ソロの公開演奏で楽譜を見ながらの演奏を私が許可できないのと同様、演劇の舞台上で、台本を読みながら劇の役を演じることを許すわけにはいきません。

幸いなことに私は暗譜を忘れたことは一度もありません。絶対にそんなことが無いように願っています。というのも重大な記憶の誤りは、演奏家にとって「キャリアの終わり」を示しますから。曲の途中で止まってしまい、そのあとを続けられない、というのはなんというギョッとする恐ろしい状況でしょう！　公衆の面前で暗譜を忘れて嫌な気持ちがするのは、苦境に陥っている私達を見ている聴衆のせいでもありますが、何よりも自分自身のせいなのです。演奏家に暗譜の問題が起こった時、聴衆が好意的に寛大さを示してくれることもあるかもしれませんが、私達は同様な好意を、めったに自分自身に認められはしません。

■和声を知る

私はとても早くに和声に夢中になりました。和声、といっても和音がVI度とかV度とかの機能を持っている、ということを指しているのではなく……その事柄は、あまり信じません。私が和声の話をする時は、各々の和音の特性を認識すること、場合に応じてこの和音が私に引き起こす感覚について考えているのです。

ハ長調の和音は確かにいつでもハ長調ですが、作品によって構想が全然違っています。同じハ長調でもモーツァルトからベートーヴェンへ変わり、作曲家ごとに皆変化します。十二音音階は非常に興味深い試みで、私の意見では、どうしても必要なものだったと言えます。それは音楽が通らねばならなかった実験だったのです。私はシェーンベルグが彼の「和声論」の終わりに述べていることに感銘を覚えます。「十二音音階は存在するが、ハ長調で美しくよく響くメロディを書くことが如何に難しいか、この事実は永くそのまま残る」と白状していました！

■私はリリコ※・スピント

私は音楽的な全ての仕事の基礎が、歌に基づいている一人の演奏家です。よく歌うことのできるピアニストは、演奏芸術において前途有望です。そもそも歌と同じように、ピアニストにも役どころがあると思います。ピアニストでもコロラトゥーラ、ドラマティック、レジェ（軽い）、深いバス（低音）等です。例えばホロヴィッツはドラマティックでした。歌の人達と同じように、声質の軽いソプラノ歌手のようなソプラノレジェ、コロラトゥーラのピアニストは年を経るにつれて、リリコ・スピントになりますが、初めからドラマティックなピアニスト達も居ます。私はドラマティックではありません。リリコ・スピントです。

※ スピントはイタリア語で「押された」という意味がある。「押された」声とは、高い声で上質な振動を有し、ドラマティックな劇的な響きへと進化する傾向がある。これは本質的に叙情的な声であり、幅広く、力強く、特に劇的な頂点では切り込むような鋭い声質。この声が使われているのは、ワーグナーの幾つかのオペラ、シュトラウスの「サロメ」や「エレクトラ」、プッチーニの「トゥーランドット」や「極西の娘」、ヴェルディの「リゴレット」や「運命の力」のオペラなど。

■舞台負け〝あがる〟という試練

私の仕事では〝あがる〟ことを避けられません。小さい頃、他の子供達が、子供特有のある種の自惚《うぬぼ》れから弾くことに嬉々として自分を引き立たせて舞台の恐怖から免れていたとき、私は既に〝あがり〟の犠牲者となっていたことを思い出します。私も子供らしい自惚れを抱いてはいましたが、それでも弾きながらとても怖かったのです。ひどい事故が私に起こるかも知れない、といつも想像していました！

その後、私はこの〝あがる〟現象を少し探究しようと努めました。何が原因でそうなるのか知りたかったのです。弁護士、大学教授など公衆の前で話す人々の何人かに尋ねてみましたが、一人残らず〝あがり〟がどこからやってきて、それから自由になるにはどうしたら良いのかを説明する術を知らずに、皆、あがることを実感している、と白状しました。

随分探した挙句《あげく》、ついにある日、一人の友人が言いました。

「僕、パリのあるクラブのストリッパーを一人知っているんだが、綺麗な十八歳のお嬢さんだ。彼女にインタビューに行かないかい？」

私はこの若い女性に電話をしてランデヴーを申し込むと、快く承知してくれました。彼女の家に着いて私はこう自己紹介しました。

「ご覧のとおり、僕は音楽家でクラシックピアニストですが、舞台負けの〝あがる〟ことについて貴女にお尋ねしたいのです。貴女のお仕事はストリッパーですが〝あがる〟ことはおありでしょうか?」

「ええ、ええ、もちろんですよ。でも、私はそれをTRAC(あがる)、とは呼ばないの!」と彼女は私に言いました。

「あぁそう! じゃあそれは一体何なのですか?」

「私は一人のストリッパーではありますが、ムッシュー、羞恥心だってあるんです。あがること、それは恥じらいです。私は八時にあるいは真夜中に真裸になりたくない時だってあるのです。」

と、その時、私は理解しました。公衆の前で完全に自分自身を解き放つことが難しいから、あがる=怖気《おじけ》るのです。もし、スタジオのくつろぎの中にあって勉強している最中にも同じように〝あがり〟を感じるのであれば、それは自分に対して自由になっていないことを意味します。

私達の仕事は披露することであり、それ以上でもそれ以下のものでもありません！　我々音楽家は、公衆の前に身をさらけ出すことによって自分達を妨げてしまってはいけないのです。音楽家はみな動物です。まるでそれが愛か欲望の対象のように聴衆に身を任すとき、私達音楽家は〝あがる〟ことから免れます。

■演奏は、愛の営み

どの楽器を使おうと、音楽の種類が何であれ、私は音楽を演奏することは愛の行為のようなものだと考えています。もし一人の音楽家が、舞台で公衆の欲求と一体化したこの種の共同の願望を感じないのであれば、自分の家に閉じこもっていた方が良いでしょう。

音楽はもちろん理想化された愛の営みです。個人的には、演奏しながら心の内で、私の人生で経験した失恋の全ての感情に訴えかけることを躊躇《ためら》いません。それがどんな辛い人生体験であっても、ちょっとは何かの役に立ってくれなくてはね！

音楽は、苦しみを品位のあるものに回復させ、私達の代わりにそれを取り除いてくれます。音楽が無ければ苦悩は、精神的であれ、肉体的であれ、人間を低め、その尊厳（誇り）を失わせます。幸運にも、苦悩を気高く昇華させるものが存在します。それが芸術です。

もし芸術を目指すのならば、音楽家は自分個人の方程式を解かなくてはなりません。容易《たやす》くはないでしょう。むしろ、時に非常に苦しいことです。自分自身をうまく容認しないからです。簡単に単純に素早く自己満足する人は、恐らくは運が良いのでしょうけれど、個人的にいまだかつて、そんな人を見たことがありませんし、私はその部類ではありません。芸術家は自分の中に真理をつくらねばなりません。自分自身の真理を見出すのです。もしその人が誠実であるならば、音楽は自己を知る素晴らしい方法だと私は思います。

芸術家は、言葉の本当の意味で、在るか無いかわからない自己の成功には無頓着で、その「成功」に何の誇りも見い出さない人を指します。何故なら、音楽をすること自体が彼の唯一の生きる理由であり、もし彼がそういう種類の人物であれば、運悪く公衆がいなくとも、メディアに乗っていなくとも、それは全く関係ありません！　彼はいつまでも芸術家であり続けるでしょう。

■年齢を重ねた熟成

時と共に、私の中である種の「明確化」が生じました。若かった時に素晴らしいと思った概念も、時と共に私と同じように古くなり、中にはすっかり見捨ててしまったものもあります。人はある年齢になれば「結集」されて明確な形を取り、完成された、動かぬものになると思っていました。が、まったくそうではありません……。私達はどんどん変化し、自分が奏でる音楽も私達と一緒に変わります。ですから永遠に自分の演奏を固定することはできませんし、第一、それは死ぬほど退屈極まりないものでしょう!

私の演奏に関していえば、現在は昔よりテンポ観がずっと膨らんでおり、音楽語法の明瞭さをさらに求めた結果、私の音楽上の弁舌、話し方はそれに応じてゆっくりになりました。若い時は速く弾きたがるものです。悪いとは申しません。人は単に自分の年齢と共に演奏するのです。

大体五十歳頃から「努力」に対して、さらに大きな耐久力を得たことを身をもって体験しました。まるでひとつの限界に到達し、それからは、すべてがより単純になったかのようでした。時と経験によって終始全力投球するのではなく、やるべきことに本当に注意を払うという「苦労の節約」を学びます。若者は常に「それ行け！」傾向にあります。間違っているとは私には言えません。何故なら彼らは若いエネルギーを持っているのですから。

私の現在の進化の方向は、より精神的〝内面化〟に向いています。ますます私は音楽と独りで向き合っています。芸術的探求は孤独でたいへんなものです。終わりが絶対に見えないからです。あぁ、なんと私は探さねばならないことが多くあるのでしょう！ 哀しいかな、誰しも同じように、私にも残された時間は少ないのです。次の演奏家達がこの探究をもっと深めてくれるよう願うばかりです。今日、私は以前よりもさらに勉強しています。年齢が、厳しく自分を見張らせる必要がある、と自分に言い聞かせていますから。でも本当の理由は、過去よりも現在の方が、より音楽の必要性を感じているからです。今後の私にとっては音楽がすべてなのだということに気づきます。

たとえば昨夜、足が痛かったので、自分の苦痛を忘れられたら……と願ってピアノに向かいました。私は勉強にとても集中したので、弾くのをやめたのは夜中の二時半でした。その時、気がついてみると足の痛みがすっかり消えていたのでした。音楽が私に苦痛の認識を取り払ってくれたので、穏やかに寝ることができました。

時間と共に、私にとっての音楽の必要性はほとんど偏執的状態とまでなりました。私は時に不眠に悩まされますが、それは音楽が原因だと気づきます。頭の中で音楽が鳴り続け、「いや、よく見なかった指使いがあるのではないか?」と自問しはじめるのです。そうしたら最後、部屋着を着て夜中の一時に階下に降り、朝の七時まで勉強するのです。

■私は奉仕者にすぎません

音楽をしない人達にとって、音楽を集中して聴くことは、とても難しいことなので、目に見えるあらゆるものに気が散ってしまいます。ピアニストがどんなにハンサムであろうと、「顔」を見ていては聴く人の注意は散漫になります。演奏会で公衆に見せる、提供すべきたったひとつのものはピアニストの手です。ちょうどこの本の表紙に写っている私の手のように。その他のことは陰に隠れ得ますし、隠れていなければなりません。芸術家は奉仕者にすぎません。芸術の役に立つように努めることを恥ずかしく感じるどころではなく、反対にそのことを誇りにするべきです。

芸術は献身を必要とする聖職であり、人は修道院に入るように音楽の道に入ります。音楽芸術は多くを要求しますから、大変な自己犠牲を音楽家に強います。でもお伽話《とぎばなし》のように夢のような魅惑的な世界の扉を開いてくれる音楽は、ややもすると日常生活のくだらないがっかりするような失望多い世界から救ってくれるのです。音楽を生み出してくれた自然は、本当に素晴らしいものです。

芸術家は仕事でたくさんの人と会うことがありますが、その実はとても孤独です。それは、教会が空であっても、反対に人々ではちきれそうに一杯であってもミサをやり遂げる神父に似ています。自分が何か神性なもの、絶対的なものと接触していると考えているからです。「今日は人が少ないから、なるべく早いうちに終わらせてやろう!」などと密かに心の内で思っているとは決して考えられません。

では、音楽とは何なのでしょう?

神の存在しない教会のための祈り。そのほかの何ものでもありません。

駆け出しのキャリアを始めた頃、時々私は客が少ししか入っていない会場で弾くこともありました。だからと言って辱められたとか、侮辱されたと感じたことは一度もありません。一九五〇年代、カンヌでのコンサートを思い出します。行きの飛行機内で二人の若いアメリカ人に会い、彼らに何の仕事をしているのかと尋ねられ、私はピアニストで、カジノのプログラムに載っている演奏会で弾くのだ、と返事をしました。コンサートの夕べに私が現われた時、聴衆は六人で、その中に飛行機で会ったアメリカ人二人が居ました。私はこう言いました。

「そんなに遠くに居ないで、どうぞ椅子を持ってピアノの周りにお座り下さい。皆さんのためにプログラムを弾きますよ。」

私は何の苦渋も失望も感じませんでした。むしろ、この数人の人達と音楽のひとときを分かち合う、大きな喜びを味わったのです。

演奏家として、私は何も創造しません。私は伝えます。私は他の人達と同じように過ぎ去り、消え逝くでしょう。しかし音楽、それは残ります。今日、多くの若い音楽家が広く聴衆に知られるキャリアを待ち焦がれ、賞讃、あるいは何か社会的な特別な地位を期待しています。まったく取るに足らない虚しい願望です。というのも、来世紀になれば誰も彼らや私のことなど思い出しはしないのですから。マルグリット・ロンは、よく私にこう言っていました。

「おぉ、可哀想なアルド。人間は死んだら、すぐ忘れられちゃうのよ……一週間も経てばね」

我々演奏家は、聴衆に音楽を提供するという使命を持つ奉仕者にすぎません。私達は可能な限り最良のことを施し、人々は私達を聴き、数年間音楽家を讃えてくれるという光栄を授けてくれます。

そして我々は消え逝き、他者が引き継いで松明《たいまつ》を掲げるためにやってくるでしょう。それは、こんなにも単純なことです……。

あとがき

海老　彰子

二〇〇七年十月二十一日から十日間に亘って、フランスのパリで開催されたロンティボー国際ピアノコンクールに、私は審査員として出向いた。第一次、第二次予選の五日間の会場は、この本の文中に出てくるマドリード通りに面した、嘗《かつ》てのパリ国立高等音楽院（現在のパリ市立音楽院）だった。〝国立〟から〝市立〟になり少し姿が変わりはしたものの、良い音響のホールで行われた新人発掘目的のこの音楽の祭典は、昔を知る音楽関係者にとって、非常に思い出深い場所で行われたのだった。審査員長はアルド・チッコリーニ氏。私のパリ音楽院留学生時代の恩師だ。

数ヶ月前、ある会合で偶然にもこの本の著者で友人のパスカル・ル・コール氏に出会い、秋にフランスでこの本が出版されることを小耳に挟んではいたものの、演奏活動の旅が多い私は、この十月まで本を手にとる機会がないまま、いつも気になっていた。

私は審査の合間に、昔からある音楽院近くの音楽専門書店で、コンクール二日目にこの本を買い求め、審査後帰宅してから一気に読んでしまった。感慨深く、あまりに興味深いので、翌日、審査の僅かな休憩時間に本屋に走り本を買い求めて、チッコリーニ氏を除く他の審査員七人にも、配り差し上げたほどだった。

一九七四年から一九八〇年まで、このマドリード通りの同じパリ国立コンセルヴァトワールに通い、様々なクラスで音楽を学んだ私にとって、ラヴェル教室のチッコリーニ氏の語ったこの本の内容は、序の部分から大きな興味を湧かせ、たくさんの思い出を彷彿させてくれる素晴らしい玉手箱だった。そのうえ中心人物のチッコリーニ氏が毎日私の目前におられ、世界各国から集まった若人のピアニスト達の繰り広げる演奏競技に、他の審査員達に混じって、自分の全人生を費やして養った音楽感性を、演奏の審査判定に投影しているのだった。私にとって、三十年を経て再び毎日親しく恩師と会い、音楽について共に考え、若い人々の奏でる音楽に集中して耳を傾けて過ごすこの十日間は、筆舌に尽くせぬ貴重な時間であった。また、私自身がコンセルヴァトワールに入学した一年目の年に、チッコリーニ氏の指示によりロンティボー国際コンクールに参加し、グランプリ等を得たことも思い出され、当時の自分の姿と二重映しになったようで、ひとしお感慨深かった。

この本のお蔭で、チッコリーニ氏の演奏芸術の真髄をより深く、より良く理解できるように思う。一九七四年に初めて渡仏留学した私が聴いていた、その頃の恩師の演奏は、当時から他の追随を許さぬ卓越した技術を駆使し、作曲家を尊重したその音楽理解は、大局から細部に至るまでの楽曲への深い建設的な考察力を表した音楽表現で、論理的であり、更に造形的、有機的に組み立てられた演奏であった。どんな曲もみな全て弾いてしまい、普通、人が発掘しない無名の作曲家の作品でも、チッコリーニ氏のお蔭でどれだけ日の目をみたことだろうか。近年、お年を召されてからの演奏には、上記したような持ち味に、更に大きな磨きがかけられ、自然に淡々と繰り広げられる深遠な音楽のその懐の深さ、偉大さに、何者をも感動の渦に巻きこまざるを得ない、真の大芸術家になられたことを感じる。ここに開陳される彼の長年の生き方の姿勢が、チッコリーニ氏の芸術を孤高の域に達しおおせたのだと、敬服してやまない。凝縮されている言葉の数々は、氏の生き方の哲学であり、単純でわかりやすいものではありながら非常に高く、同時に深い意味を持つものだ。読めば読むほど味わい深く、また、考えさせられるものだと思う。

私はこの本を音楽愛好家、ピアニスト、音楽を専門としている方々はもちろんのこと、日本の人々に紹介することは義務ではないか？と直感的に感じ、翻訳という作業を進めた。皆様にチッコリーニ氏の意図するところをお伝えし、その宝を皆様と共有することを、訳者として誠に嬉しく思う。

チッコリーニ氏の文章「日本の読者に寄せて」に関して個人的に考えるところがある。パリ郊外のお宅で、この文章を私の目の前で書いてくださった折、私は内容を一読後、「先生、これは少々日本を買いかぶり過ぎでは？本当に西洋伝統音楽芸術の斜陽が目前に？」と尋ねてみたが、固持して変えようとはなさらなかった。それで想い出したことがある。それはその数日前にパリで出会った、日本の能芸術で名高い大鼓《おおつづみ》奏者、大倉正之助氏の言葉である。彼は、日本の伝統芸術の真髄が日本から少しずつ消えゆく傾向にあり、これを今、外国に持ち出して伝統芸術を保持してゆかねばならない時期に来ている、と言われていたのだ。この大倉氏とチッコリーニ氏の言葉を考え合わせると、東洋も西洋も、その独自の文化を保持してゆくのに、今後それぞれ互いの存在を益々必要とし、現代に押し寄せる必然的なグローバル化の波間に生きる我々の、将来の姿を予言しているように思えてならない。西欧が東洋の文化を理解し受け入れ、東洋が西洋の文化を受け継ぐ、という形態が確かなものとなってゆくのかも知れない。これは、歴史が答えを出してくれるだろう。

翻訳にあたって私は興味深い経験をした。それは日本語とフランス語の性格の違いだ。フランス語をそのまま日本語に移そうとすると、あまりに強い断言的表現になってしまい、日本語としての言葉の持つ流暢さや流れが途切れてしまうことを痛感した。よく考えてみると、それは日本語本来の持つ性格、優しさ、思いきって言ってみると「曖昧さ」であることがよくわかった。悪く表現すると、責任逃れ？とも言えるかもしれない曖昧さである。日本の長所でもあり、弱さでもある日本人の「曖昧さ」は、それがあるからこそ私たちの社会の潤滑油となり得る事実と裏腹に、国際社会にそのまま私達の思考システムを当てはめると、とんでもない誤解を生じてしまう危険を感じる。大陸に住む多くの異人種同士が長年互いに切磋琢磨しながら、たくさんの国境を共有し、互いの主義主張の狼煙《のろし》を上げて闘い続け、個々に確立させた国のアイデンティティ。それは、それぞれの考え方の相違を、相互に納得させ、相手側に理解させて社会を建設してゆくもの。それぞれの自己主張の強さ、国のしたたかさ、論理の強固さに対して、一方私達島国の「日本人」というひとつの民俗でまとまった阿吽《あうん》の呼吸、もの言う前に存在する相互理解に基づいた小回りの効く便利さ、あるいは優しさと言えるかもしれないものとの対立を、この翻訳作業を通じ考えさせられた。そして、大陸の言語から比較すると、日本語そのものの表現には言葉本来が持つ曖昧さが充満していることを、今回、身を持って感じた次第で、非常に興味深く思いながらこの翻訳の時間を過ごした。歌曲は別だが、音楽という言葉の媒体を必要としない世界に長年泳いできた私、演奏芸術に全精力を費やす時間とは異なった貴重な経験をした。国境を越え交流が益々盛んとなる国際社会の将来、そこではきっと私達日本人本来が持つ優しさ、謙虚さ、しなやかさ、誤解を恐れずに言えば、微妙だが良い意味でのいわゆる「曖昧さ」を理解する姿勢は、もしかしたら大陸の国々に住む人が必要とする大切な要素であるに違いない。同時に私達日本人は、相手側に理解してもらう努力を怠らないこと、大陸の国々の持つ明白な論理、自己主張の強さや確固とした自立精神などを私たちの日常の思考に取り入れ切磋琢磨することによって、今後益々深い相互理解が、この地球に棲む人間社会の平和の基本となってゆくのではないかと思う。しかし、それは優れた平衡感覚に富んだ倫理、人間の生きる深い哲学が根底に流れていなくてはならない。すべて結局は「人作り＝教育が如何に重要であるか」ということだ。教育は国家百年の計。日々私達の気づくところで、頭脳明断に良識を持って、現代、未来のこの社会、世界に胸を張って生きてゆきたいものだと願う。

特筆したいことがひとつある。チッコリーニ氏ご自身の芸術家としての考え方、生きる哲学を示した、これだけのエッセンスを披露してくださったことに対して、まずチッコリーニ氏に限りない感謝の念を捧げたい。又チッコリーニ氏とのインタビューを六ヶ月間に亘って繰り広げ、このうえない貴重な作品として私達に提供して下さった、頭脳明断で優秀な音楽家パスカル・ル・コール氏、彼なくして、この宝は存在し得えなかった。ル・コール氏に篤く感謝する。私は、日欧での多忙な演奏活動のなか、夜を日についで翻訳に努めた。この本を日本の音楽界にぜひ紹介したいと思い、ロン・ティボーコンクール中、パリから突然電話した私の真意を素早く理解し、早速異例な速さで多くのご尽力を賜った全音楽譜出版社の渡邊裕子さん、出版部長 新居隆行氏お二方の有り難いご協力に心からの謝辞を述べたい。

二〇〇八年　二月

［上］チッコリーニ氏と訳者。一九七五年、ロンティボー国際コンクールの後に

［下］左から、著者パスカル・ル・コール氏、訳者、チッコリーニ氏。（二〇〇七年十二月、パリ郊外、チッコリーニ氏の自宅にて）

チッコリーニ略歴

■年表

●1925（8月15日） ナポリで生まれる。父 エドゥアルド・チッコリーニ（マチェラータ侯爵）。母 アデル・ミッシアーニ。

●1930 マリア・ヴィリアローロ・ドヴィディオの指導のもとにピアノを始める。

●1933 第一教育課程の卒業試験（Compimento inferiore）。ナポリの記者会場で初めての演奏会。

●1934 ナポリ音楽院入学。ピアノをパオロ・デンツァに、作曲をアシル・ロンゴに師事。

●1940 ピアノ科卒業。

●1941 ナポリのサン・カルロ・オペラ劇場で職業ピアニストとしてデビュー。ショパン：ピアノ協奏曲第2番を弾く。

●1942 作曲科卒業。

●1943（12月） 英伊通訳として、戦争中、国際赤十字に勤務。ピアノの勉強中止。

●1946 ナポリに戻る。ピアノの練習再開。プライベートレッスンで生活を始める。

●1947 ナポリ音楽院の演劇クラスと歌のクラスで伴奏する。

●1949 ロン・ティボーコンクール優勝。サル・プレイエルで初めてのピアノリサイタル開催。チャイコフスキーピアノ協奏曲第1番のレコード録音（SP78回転版）のちに当時最新の33回転LP録音版に変換される。

●1950 春から年末に亘って、初めてのアメリカ大陸演奏旅行（北米、南米、中米）

●1951 ジャック・ティボーとのデュオを結成。この年から欧州とアメリカでの演奏旅行が、1986年まで毎年続く。ニューヨーク、カーネギーホールで指揮者ミトロプーロスと共演。ローマで指揮者フルトヴェングラーと共演。

●1963　初めてのロシア演奏旅行。指揮者コンドラシンと共演。
(モスクワ、サンクト・ペテルブルグ、キエフ)
EMIでサティの全曲演奏録音開始(世界初)。1970年に録音終了。

●1964　グラナドス：「ゴイェスカス」全曲世界初演録音出版(EMI)。

●1965　アルベニス：「イベリア」全曲録音出版(EMI)。

●1966～1969　リスト：「詩的で宗教的な調べ」録音出版(EMI)。

●1970　エリザベート・シュワルツコップとノアン音楽祭で会う。

●1971　パリ国立高等音楽院教授に任命される。フランス国籍獲得。

●1984　心臓切開：3箇所のバイパス手術を受ける。

●1989　パリ国立高等音楽院退職。

●1992　ドビュッシー全作品演奏出版(EMI)

●2000～2003　「比類なきアルド・チッコリーニ」のCDでディアパゾン金賞を受賞。
(EMI＝廃盤から抜粋)
ヤナーチェク作品の録音(Soupir)
シューマンとショパン作品の録音(Cascabelle)
グリーグ：叙情作品全曲演奏出版(Cascavelle)

■賞・勲章

●フランス　レジオン・ドヌール・オフィシエ勲章
国家功労賞オフィシエ勲章
文芸学術コモンドール勲章
フランスレコード大賞
シャルル・クロ　アカデミー賞

●イタリア　アカデミーセント・チェチーリア会員
イタリア共和国大統領文化芸術金メダル

●アメリカ　エジソン賞
国立科学芸術院賞

ディスコグラフィー

*印はCDの発売を示す。（　）内の年号は再版年。

アルベニス

組曲「スペイン」op.165（6つのアルバムの一葉）
1956／EMI／FCX 651
組曲「イベリア」全4集
1966(2005)*／EMI／FCX 1085/6
ピアノ協奏曲
ロイヤル・フィルハーモニー管弦楽団／エンリケ・バティス指揮
1983／EMI／165388 1

アレンスキー

スケルツォ op.8
1956／EMI／FCX 652

J.S.バッハ

2声と3声のインヴェンション
1963／EMI／FCX 978

ベートーヴェン

ピアノソナタ全集（CD10枚構成）
2006*／Cascavelle／VEL 3100
ピアノ協奏曲 第1番〜第5番／合唱幻想曲（CD3枚）
オルケストル・イ・ポメリッジ・ムジカリ・デ・ミランおよびアンサンブル・カンティクム・ノヴム
2002*／Frame

ボロディン

小組曲
1956／EMI／FCX 652

ブラームス

3つの間奏曲 op.117／ピアノ小曲集 op.118／ピアノ小曲集 op.119
1968／EMI／C063-10.611
8つのピアノ小品op.76／2つのラプソディー op.79 第1番・第2番／幻想曲集 op.116
1968/1969／EMI／C063-10.612

カステルヌオーヴォ＝テデスコ

ピアノ作品集（CD4枚構成）
1999*／Phoenix／PH95102

カスティヨン

ピアノ協奏曲 op.12
モンテカルロ・フィルハーモニー管弦楽団／ジョルジュ・プレートル指揮
1985／EMI／270334 1

シャブリエ

絵画的小品集
1967/1968／EMI／CVB 2232

ショパン

幻想曲 op.49／前奏曲 op.28-17
1957／EMI／FCX 725
夜想曲 全21曲（CD2枚構成）
2002*／Cascavelle／VEL 3064
チェロソナタ
ポール・トルトゥリエ（チェロ）
1968／EMI／CVB 2148
ワルツ op.34-1〜3
1957／EMI／ESBF 198
ワルツ（全曲）
1968／EMI／C053-10.013

ドビュッシー

管弦楽とピアノのための幻想曲
フランス国立放送管弦楽団／ジャン・マルティノン指揮
1974／EMI／C165-12.794
忘れられし小唄／水彩画
ジャニーヌ・ミショー（ソプラノ）
1957／EMI／FCX 687
ピアノ作品全集（CD5枚構成）
1991(2006)*／EMI／573813 2
ベルガマスク組曲／ピアノのために／舞曲／夢想／アラベスク／バラード
1969／EMI／C063-10.153

ファリャ

スペインの庭の夜
フランス国立放送管弦楽団／エルネスト・アルフテル指揮

1953／EMI／FCX 272

スペインの庭の夜

ロイヤル·フィルハーモニック管弦楽団／エンリケ·バティス指揮

1983／EMI／165388 1

ファーノ Guido Alberto Fano (1875-1961)

ピアノ五重奏曲ハ長調／弦楽四重奏曲イ短調

テュラン弦楽四重奏団、ファビアーノ·キュディス(トランペット)

1999*／Phoenix／PH96202

フランク

前奏曲 コラールとフーガ／前奏曲 アリアと終曲／前奏曲 フーガと変奏曲

1969／EMI／C069-10.755

交響的変奏曲／魔人

パリ音楽院管弦楽団／アンドレ·クリュイタンス指揮

(2002年テスタメント·レーベルよりCD化)

1962(2002)*／EMI／FCX 213

交響的変奏曲／魔人

リエージュ管弦楽団／ポール·シュトラウス指揮

1974／EMI／C069-10.009

グラナドス

演奏会用アレグロ

1956／EMI／FCX 651

組曲「ゴイェスカス」

1965(2006)*／EMI／CCA 1101

グリーグ

春／夜想曲

195?／EMI／ESBF 1103

叙情小曲集 (CD3枚構成)

2004*／Cascavelle／VEL 3083

ピアノソナタ op.7／叙情小曲集

1965／EMI／SAXF 1045

ダンディ

フランスの山人の歌による交響曲(セヴエンヌ交響曲)

フランス国立放送管弦楽団／アンドレ·クリュイタンス指揮

(2002年テスタメント·レーベルよりCD化)

1953(2002)*／EMI／FCX 213

フランスの山人の歌による交響曲(セヴエンヌ交響曲)

パリ管弦楽団／セルジュ·ボド指揮

1975／EMI／CDM 7 63952

ヤナーチェク

作品集

2001*／Soupir／S202

カバレフスキー

ソナチネ 第1番 op.13

1956／EMI／FCX 652

リスト

巡礼の年

1954／EMI／FCX 440/2

巡礼の年 (CD2枚構成)

1961(2003)*／EMI／FALP 772/4

慰め／葬送／バラード 第2番／メフィスト·ワルツ

1954／EMI／FCX 613

慰め／愛の夢 第1番〜第3番／2つの伝説

1970(2000)*／EMI／C069-11.664

詩的で宗教的な調べ

1968/1969／EMI／C063-10.668/9

詩的で宗教的な調べ

1990(2000)*／EMI／754143 2

オペラパラフレーズ(ヴェルディ、ドニゼッティ、ワーグナー、グノー)

1982(2000)*／EMI／173097 1

ピアノ作品集 (CD5枚構成)

2006*／EMI／36709 2

ロンゴ Achille Longo (1900-1954)

ピアノ三重奏曲／ヴァイオリン·ソナタ／オーボエとピアノのためのソナチネ／ヴァイオリンとピアノのためのソナチネ

ジュゼッペ·ファルコ、ブルーノ·イスピオラ、エンツォ·リグレスティ

1999*／Phoenix／PH98416

マスネ

ピアノ·ソロ作品全集／ピアノ協奏曲*

モンテカルロ国立歌劇場管弦楽団／シルヴァン·カンブルラン指揮

1977/1979 (2006)／C167-73.005/7

モンポウ

歌と踊り

1956／EMI／FCX 651

モーツァルト

ピアノソナタ集

1991/1997*／Discover／DICD920144-200

ソナタ K.282 & K.311

1952／EMI／FBLP 1028

ソナタ K.282 & K.309

1953／EMI／FC 1053

ソナタ K.331 & K.332

1953／EMI／FC 1029

ソナタ K.333 & K.533

1953／EMI／FC 1054

クラリネット三重奏曲「ケーゲルシュタット・トリオ」K.498

アンリ・ドリュアール（クラリネット）、ロジェ・レピュ（ヴィオラ）

1970/1971／EMI／C063-11.629

変奏曲 K.265,24,353 264,273

1981(2002)*／EMI／C069-73.074

プロコフィエフ

行進曲 op.12-1（「10の小品」より）

1956／EMI／FCX 652

ラフマニノフ

ピアノ協奏曲 第2番

フランス国立放送管弦楽団／コンスタンティン・シルヴェストリ指揮

1957／EMI／FALP 30211

前奏曲 op.3-2／13の前奏曲より op.32-5

1956／EMI／FCX 652

チェロソナタ

1968／EMI／CVB 2148

ポール・トルトゥリエ（チェロ）

ラヴェル

ピアノ協奏曲／左手のためのピアノ協奏曲

パリ管弦楽団／ジャン・マルティノン指揮

1974(2002)*／EMI／02587 A/B

博物誌／クレマン・マロの風刺詩／激しい風が海の彼方から／ロンサーヌ、その魂に寄せて／聖女／夢／おもちゃのクリスマス

ジャン＝クリストフ・ブノワ（バリトン）

1968／EMI／CVB 2175

ロッシーニ

老年のいたずら

1970/1972／EMI／12.037

サン・サーンス

動物の謝肉祭

アレクシス・ワイセンベルグ（ピアノ）／パリ音楽院管弦楽団／ジョルジュ・プレートル指揮

1966(2006)*／EMI／C069-10.973

ピアノ協奏曲 第1番～第5番／ワルツ形式で op.52-6／左手のための6つの練習曲 op.135

パリ管弦楽団/セルジュ・ボド指揮

1970(1987)／EMI／C165-11.321/3

サティ

右と左に見えるもの

ヤン＝パスカル・トルトゥリエ（ヴァイオリン）

1969／EMI／C069-10.749

3つのジムノペディ／3つのグノシエンヌ／梨の形をした3つの小品／世紀ごとの時間と瞬間の時間／3つの夜想曲／嫌な気取り屋の3つのワルツ／最後から3番目の思想

1956／EMI／FCX 561

ピアノ作品全集（第1回録音／LP 6枚構成）

1963/1970／EMI

vol.1：SAXF 998
vol.2：SAXF 1046
vol.3：CCA 1104
vol.4：C063-11.004
vol.5：C063-11.023
vol.6：C063-11.024

ピアノ作品全集（第2回録音／CD 5枚構成）

1983/86(2006)*／EMI

1：749702 2
2：749703 2
3：749713 2
4：749714 2
5：749760 2

歌曲集（全曲）

マディ・メスプレ（ソプラノ）、ニコライ・ゲッダ

(テノール)、ガブリエル・バキエ(バリトン)
1974/1986/EMI/C069-10.749
メドゥーサの罠
1969/EMI/C069-12.804
ラムルー管弦楽団/アルド・チッコリーニ指揮

スカルラッティ

ソナタ K.268,459,259 &64
1954/EMI/ESBF 104
ソナタ K.406, 475, 492, 380, 87, 268, 64, 259, 159, 377, 239, 432, 1
1962/EMI/SAXF 930

シューベルト

即興曲 D.899 & D.935
1972(2001)*/EMI/C069-12.111
ソナタ D.664 & D.960
1974/EMI/C069-12.588

シューマン

ウィーンの謝肉祭/森の情景/グランドソナタ op.14
2006*/Cascavelle/VEL 3056
子供の情景/森の情景/間奏曲 op.4
1973/EMI/C065-12.533

セヴラック

ピアノ作品集(CD3枚構成)
1968/1975(1997)*/EMI/C167-16.377/9

ストラヴィンスキー

タンゴ
1956/EMI/FCX 652

チャイコフスキー

ピアノ協奏曲 第1番
パリ音楽院管弦楽団/アンドレ・クリュイタンス指揮
1954/EMI/FALP 102
ピアノ協奏曲 第1番
フランス国立放送管弦楽団/コンスタンティン・シルヴェストリ指揮
1957/EMI/FALP 30.211

■リサイタル他

アルド・チッコリーニ、アンコール
モーツァルト/ベートーヴェン/シューベルト/ショパン/グリーグ/ドビュッシー/パデレフスキ/グラナドス/カステルヌオーヴォ=テデスコ/ヒナステラ/ファリャ
2000*/Phoenix/PH00610

アルド・チッコリーニ　プレイズ・モーツァルト & リスト
2006*/Fabula/1256

乙女が夢みるもの No.1
ショパン/リスト/ベートーヴェン/メンデルスゾーン/ドビュッシー/ラフマニノフ/シャブリエ/グリーグ
1965/EMI/SAXF 130542

乙女が夢みるもの No.2
クープラン/モーツァルト/ラモー/ショパン/シューベルト/シューマン/シャブリエ/ドビュッシー/ラヴェル/ファリャ/プロコフィエフ
1968/EMI/CVD 2214

ベスト・オブ・サティー(1966年および1981年録音)
パリ音楽院管弦楽団/ルイ・オーリアコンブ指揮
ラムルー管弦楽団/マディ・メスプレ(S)、ニコライ・ゲッダ(T)、ガブリエル・バキエ(Br)
2002*/EMI/4787182

エリック・サティの異様な霊感 名曲集(CD2枚)*
メルキュールの冒険/ソクラテス/貧者のミサ(遺作)/ジムノペディ第1番・第3番/踊る操り人形/ブラバンのジュヌヴィエーヴ/左右に見えるもの
パリ音楽院管弦楽団/ルイ・オーリアコンブ指揮
ラムルー管弦楽団/アルド・チッコリーニ指揮
ヤン・パスカル・トルトゥリエ(Vn)、シャルル・ルネ・デュクロ(合唱指揮)
1992/EMI/7628772

比類なきアルド・チッコリーニ
シャブリエ/サティー/グリーグ/シューベル

ト／ロッシーニ
ジャニーヌ・ミショー（S）／ジャン＝クリストフ・ブノワ（Br）
2000*／EMI／5735952

ピアノ・リサイタル
リスト／モーツァルト／ファリャ
（再版2002 アウラ・ミュージック社）
1992*／Ermitage／ERM405

フランス歌曲 リサイタル
フォーレ／プーランク／アーン／ドビュッシー
ニコライ・ゲッダ（T）
1967／EMI／C063-10.000

フランスのヴァイオリン・ソナタ集
フランク／ドビュッシー／ラヴェル
1999*／Phoenix／PH98402

■DVD

アルド・チッコリーニ　アーカイヴス
ファリャ／ベートーヴェン／アルベニス／グラナドス／シューベルト／メンデルスゾーン／リスト／シャブリエ
2005／EMI

アルド・チッコリーニ
サンサーンス：ピアノ協奏曲 第4番・第5番
ラヴェル：ピアノ協奏曲 ト長調
2005／VAI

アルド・チッコリーニ
ドビュッシーへのオマージュ
2005／EMI

|著　者|

パスカル・ル・コール　Pascal Le Corre

パリ国立高等音楽院でピアノ、室内楽、音楽分析、伴奏法、管弦楽法を学ぶ。マリア・カナルス国際ピアノコンクール第1位、ポルト国際コンクールでベートーヴェン賞を受ける。仏、欧州、米国、南米、日本を巡り演奏活動、仏の各オーケストラと共演。TVラジオ番組に出演。古典から現代に亘るまでの幅広いレパートリーを有し、ドビュッシーのオペラ「ペレアスとメリザンド」のピアノ版の上演は映像化され、TVで広く放映される。ロンドンのコヴェントガーデンでのこの上演は、批評界に大きな反響を呼んだ。教育法に情熱を注ぐ彼は、ピアノ・室内楽・伴奏科の教職免状を獲得後、長年、認識心理学の探求に興味を持ち1994年、神経語学プログラムの研究で修士号を得る。特に音楽家の右脳、左脳が受け持つ役割について研究を進め、これは鍵盤上で初見視奏メソードを打ち立てる研究に発展、「初見視奏に磨きをかける魔法」という題の本をルモワンヌ社から出版する。またヴァン・デ・ヴェルデ社からも「全ての楽器における初見視奏の魔法」を出版。彼はヴァン・デ・ヴェルデ社の「音楽人間」コレクション（音楽教育と人間科学に関するコレクション）を監督し、10年以上に亘って「音楽家の手紙」という音楽誌に教育のコラムを執筆中。

|訳　者|

海老彰子　Akiko Ebi

長年に亘って日本と欧州を中心に、北米、南米、露、中国、中近東等世界各国で国際的ピアニストとして活躍中。東京藝術大学入学後、第41回日本音楽コンクール優勝。パリ国立高等音楽院主席卒業。同音楽院研究科修了。'75年ロンティボー国際コンクールでグランプリとルービンシュタイン等から4種の特別賞受賞。ショパン、リーズ各国際コンクールに上位入賞。日本ショパン協会賞、日本ゴールドディスク大賞受賞2回、'93年仏政府より芸術文化シュヴァリエ勲章を、'98年パリ市より名誉市民賞ヴェルメイユ勲章、'02年エクソンモービル本賞を受ける。世界各国でオーケストラとの共演、音楽祭、TV出演、CD録音を行い、国際的にも信任あつく、欧米各国から国際コンクール審査依頼やマスタークラスの要請も数多く受ける。ラヴェルピアノ作品全集全3巻の編集に尽力（全音楽譜出版社）。日本ショパン協会理事、日本大学芸術学部大学院ピアノ科教授。国際的な演奏活動を続けながら、2008年4月より東京芸術大学音楽学部ピアノ科客員教授として後進の指導にあたる。

1005018

アルド・チッコリーニ　わが人生
ピアノ演奏の秘密　●
著者 ―― パスカル・ル・コール
訳者 ―― 海老彰子
第1版第1刷発行 ―― 2008年3月15日
第1版第3刷発行 ―― 2010年5月15日
発行 ―― 株式会社全音楽譜出版社
―― 東京都新宿区上落合2丁目13番3号 〒161-0034
―― TEL - 営業部 03・3227-6270
―― 出版部 03・3227-6280
―― URL　http://www.zen-on.co.jp/
―― ISBN978-4-11-880202-2

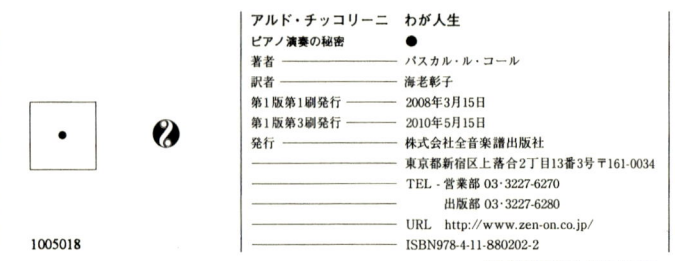